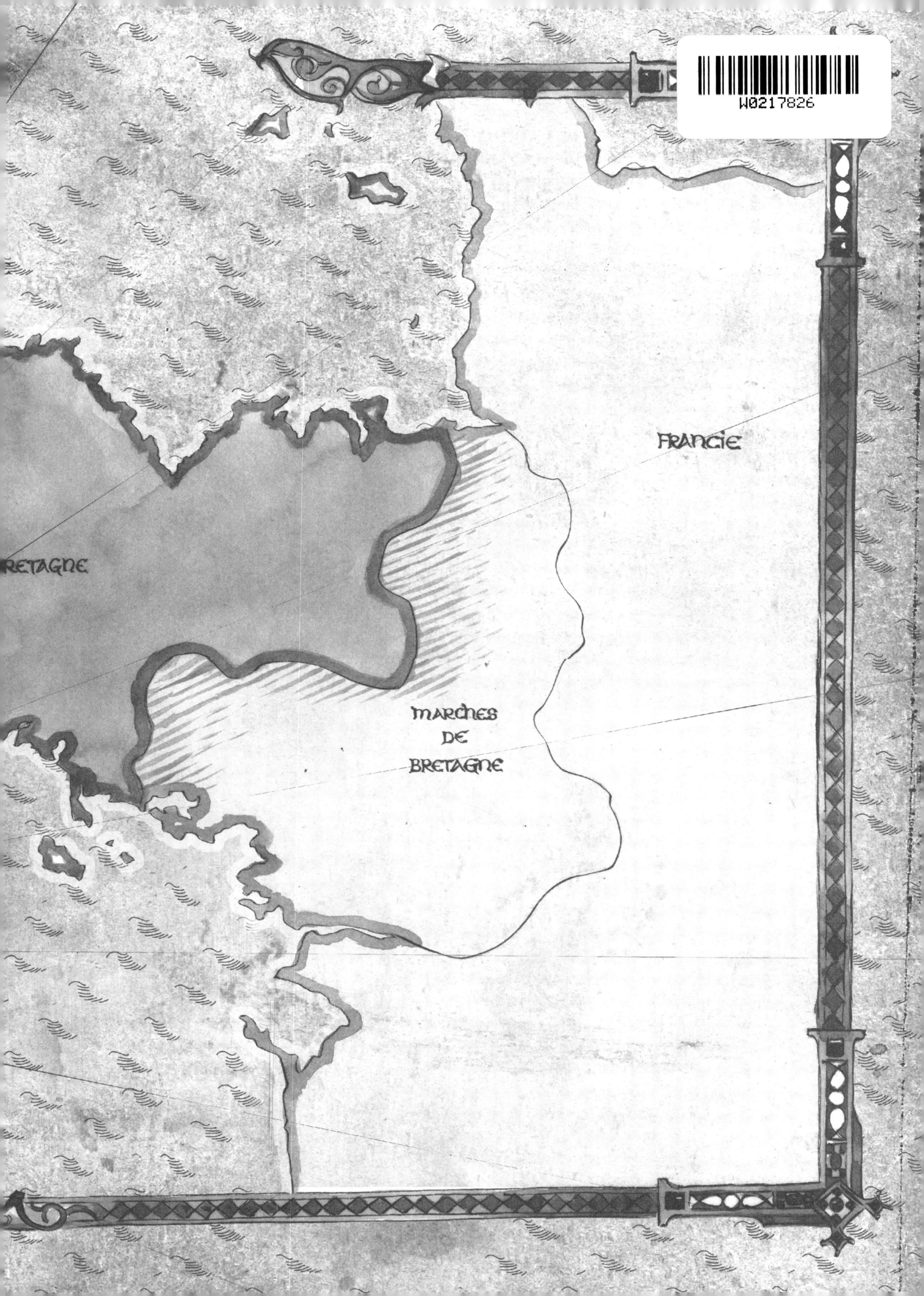
FRANCIE
RETAGNE
MARCHES
DE
BRETAGNE

HISTOIRE DE LA BRETAGNE

BREIZH

2 • Une nouvelle terre

SCÉNARISTES
Nicolas Jarry & Thierry Jigourel

DESSINATEUR & COLORISTE
Erwan Seure-Le Bihan

SOLEIL CELTIC

Merci tout particulièrement à Erwan pour son investissement sans faille dans ce second tome.

Nicolas Jarry

Merci à Nico pour sa collaboration et pour avoir cru en ce projet, merci à Nominoë / Nevenoe, Tad ar Vro, le Père de la Patrie, qui assura l'indépendance de la Bretagne pour plusieurs siècles.

Thierry Jigourel

Ur sell àr sevenadur ar Vretoned hag àr o istor. An istor meur ha brav èl tout ar sevenadurioù arall dre ar bed. Mersi bras da Elodie man dousig ha d'am bugale, Bran ha Bleùen. Ho kariñ a ran.

Erwan Seure-Le Bihan

soleilprod.com

Une collection dirigée par Jean-Luc Istin

Soleil
44, rue Baudin - 83000 Toulon - France

Soleil Paris
8, rue Léon Jouhaux - 75010 Paris - France

Conception graphique : Studio Soleil
Couverture : Ugo Pinson
Lettrage : Laurence Istin

Dépôt légal : Juin 2017 - ISBN : 978-2-302-06254-2
Première édition

Achevé d'imprimer en mai 2017
sur les presses de l'imprimerie PPO à Palaiseau, France.

* Mieux vaut vin nouveau qu'hydromel. Feu ! Feu ! Acier, ô acier ! Feu, feu, acier et feu !

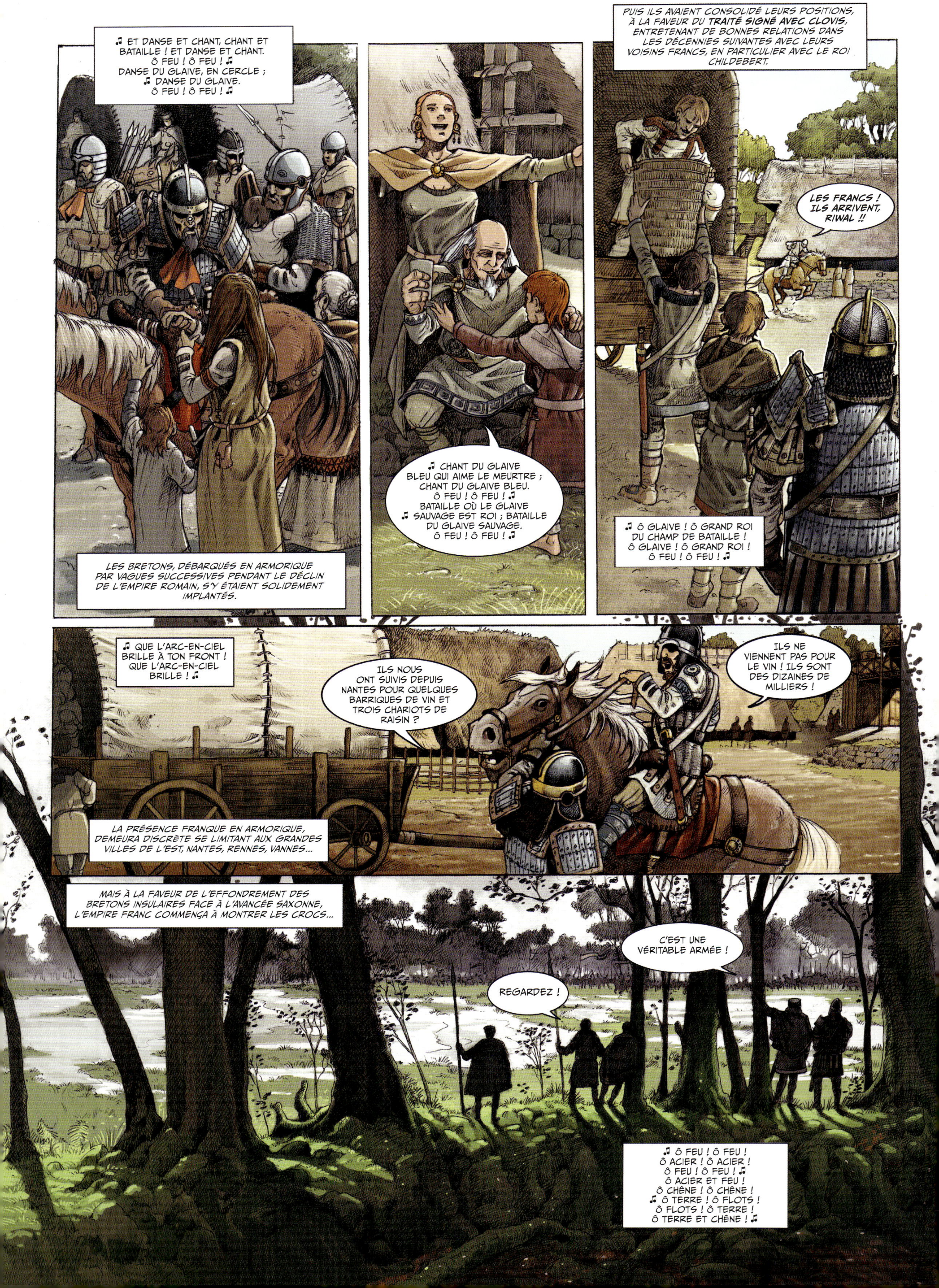
♫ ET DANSE ET CHANT, CHANT ET BATAILLE ! ET DANSE ET CHANT. Ô FEU ! Ô FEU ! ♫ DANSE DU GLAIVE, EN CERCLE ; ♫ DANSE DU GLAIVE. Ô FEU ! Ô FEU ! ♫
LES BRETONS, DÉBARQUÉS EN ARMORIQUE PAR VAGUES SUCCESSIVES PENDANT LE DÉCLIN DE L'EMPIRE ROMAIN, S'Y ÉTAIENT SOLIDEMENT IMPLANTÉS.
♫ CHANT DU GLAIVE BLEU QUI AIME LE MEURTRE ; CHANT DU GLAIVE BLEU. Ô FEU ! Ô FEU ! ♫ BATAILLE OÙ LE GLAIVE SAUVAGE EST ROI ; BATAILLE DU GLAIVE SAUVAGE. Ô FEU ! Ô FEU ! ♫
PUIS ILS AVAIENT CONSOLIDÉ LEURS POSITIONS, À LA FAVEUR DU **TRAITÉ SIGNÉ AVEC CLOVIS**, ENTRETENANT DE BONNES RELATIONS DANS LES DÉCENNIES SUIVANTES AVEC LEURS VOISINS FRANCS, EN PARTICULIER AVEC LE ROI CHILDEBERT.
LES FRANCS ! ILS ARRIVENT, RIWAL !!
♫ Ô GLAIVE ! Ô GRAND ROI DU CHAMP DE BATAILLE ! Ô GLAIVE ! Ô GRAND ROI ! Ô FEU ! Ô FEU ! ♫
♫ QUE L'ARC-EN-CIEL BRILLE À TON FRONT ! QUE L'ARC-EN-CIEL BRILLE ! ♫
ILS NOUS ONT SUIVIS DEPUIS NANTES POUR QUELQUES BARRIQUES DE VIN ET TROIS CHARIOTS DE RAISIN ?
ILS NE VIENNENT PAS POUR LE VIN ! ILS SONT DES DIZAINES DE MILLIERS !
LA PRÉSENCE FRANQUE EN ARMORIQUE, DEMEURA DISCRÈTE SE LIMITANT AUX GRANDES VILLES DE L'EST, NANTES, RENNES, VANNES...
MAIS À LA FAVEUR DE L'EFFONDREMENT DES BRETONS INSULAIRES FACE À L'AVANCÉE SAXONNE, L'EMPIRE FRANC COMMENÇA À MONTRER LES CROCS...
C'EST UNE VÉRITABLE ARMÉE !
REGARDEZ !
♫ Ô FEU ! Ô FEU ! Ô ACIER ! Ô ACIER ! Ô FEU ! Ô FEU ! ♫ Ô ACIER ET FEU ! Ô CHÊNE ! Ô CHÊNE ! ♫ Ô TERRE ! Ô FLOTS ! Ô FLOTS ! Ô TERRE ! Ô TERRE ET CHÊNE ! ♫

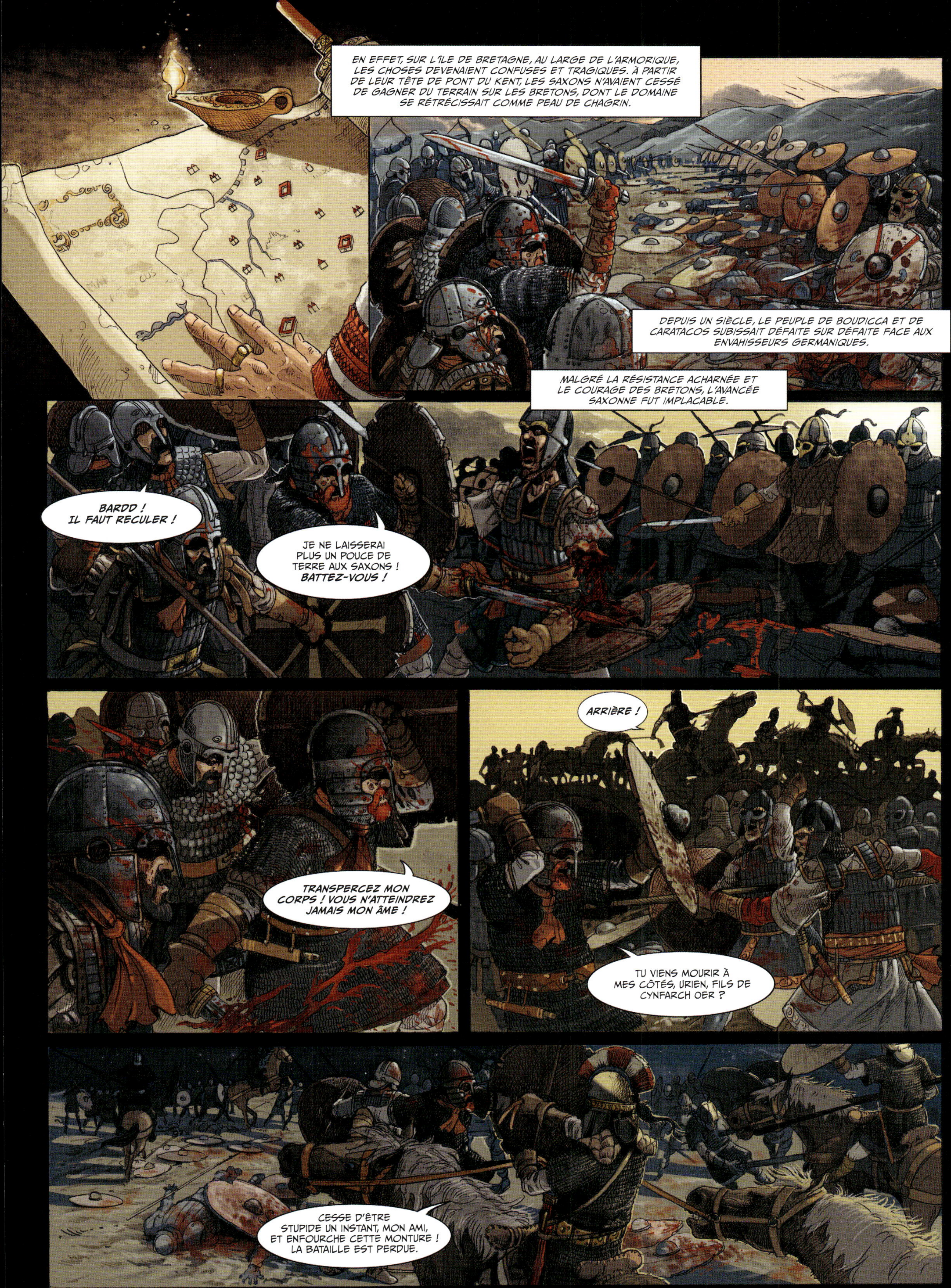

EN EFFET, SUR L'ÎLE DE BRETAGNE, AU LARGE DE L'ARMORIQUE, LES CHOSES DEVENAIENT CONFUSES ET TRAGIQUES. À PARTIR DE LEUR TÊTE DE PONT DU KENT, LES SAXONS N'AVAIENT CESSÉ DE GAGNER DU TERRAIN SUR LES BRETONS, DONT LE DOMAINE SE RÉTRÉCISSAIT COMME PEAU DE CHAGRIN.
DEPUIS UN SIÈCLE, LE PEUPLE DE BOUDICCA ET DE CARATACOS SUBISSAIT DÉFAITE SUR DÉFAITE FACE AUX ENVAHISSEURS GERMANIQUES.
MALGRÉ LA RÉSISTANCE ACHARNÉE ET LE COURAGE DES BRETONS, L'AVANCÉE SAXONNE FUT IMPLACABLE.
BARDD ! IL FAUT RECULER !
JE NE LAISSERAI PLUS UN POUCE DE TERRE AUX SAXONS ! BATTEZ-VOUS !
TRANSPERCEZ MON CORPS ! VOUS N'ATTEINDREZ JAMAIS MON ÂME !
ARRIÈRE !
TU VIENS MOURIR À MES CÔTÉS, URIEN, FILS DE CYNFARCH OER ?
CESSE D'ÊTRE STUPIDE UN INSTANT, MON AMI, ET ENFOURCHE CETTE MONTURE ! LA BATAILLE EST PERDUE.

* BATH.
** GLOUCESTER.
*** CIRENCESTER.
**** ROYAUME DE NORTHUMBRIE.
***** ROYAUME FONDÉ À LA FIN DU Ve SIÈCLE, PAR LE ROI FERGUS LE GRAND.

HEUREUSEMENT POUR NOUS, LA CONFÉDÉRATION DES PICTES LEUR TIENT TÊTE, SINON ILS SERAIENT DEPUIS LONGTEMPS AUX PORTES DE TON ROYAUME, ROI URIEN.
TU DIS QUE NOTRE PEUPLE CONTRÔLE ENCORE UN VASTE TERRITOIRE, MAIS LES ANGLES ET LES SCOTS AU NORD, LES SAXONS AU SUD ET LES JUTES À L'EXTRÊME SUD-EST ÉTENDENT SANS CESSE LEURS POSITIONS.
BIENTÔT PLUS DE LA MOITIÉ DE LA BRETAGNE ORIENTALE SERA SOUS LEUR DOMINATION. ET APRÈS ?
APRÈS... OÙ IRONS-NOUS ?
J'UNIRAI MES FRÈRES ROIS AUTOUR DE MOI, ANEURIN. ET CE JOUR-LÀ, LES BRETONS REPRENDRONT LEURS DROITS.
CE JOUR LÀ, JE SERAI À TES CÔTÉS, ROI URIEN. EN ATTENDANT JE COMPOSERAI UN POÈME EN L'HONNEUR DE NOS MORTS...

VINGT-CINQ ANNÉES APRÈS LA DÉBÂCLE DE DYRHAM, LE ROI URIEN DE RHEGED PARVINT À FÉDÉRER AUTOUR DE LUI TROIS PRINCES BRETONS : RIDERCH HEN, GUALLAUC ET MORCANT.
NOUS SOMMES VENUS À TOI EN HOMMES LIBRES ET NOUS REPARTIRONS EN HOMMES LIBRES...
MAIS LORSQUE NOUS PARTIRONS POUR LA BATAILLE, NOUS NE FORMERONS PLUS QU'UN SEUL PEUPLE, QU'UNE SEULE ARMÉE. NOUS SERONS UNIS DANS LA MORT COMME DANS LA VICTOIRE.
ET CE SERA À TOI, ROI URIEN, DE NOUS GUIDER. PUISSENT LA FORCE ET LA SAGESSE DE NOTRE SEIGNEUR ET MAÎTRE JÉSUS-CHRIST TROUVER TON CŒUR.
JE ME MONTRERAI DIGNE DE L'HONNEUR QUI M'EST FAIT, PRINCE RIDERCH HEN.
AS-TU COMPOSÉ TON POÈME, MON AMI ? VIENS-TU POUR ME JOUER UNE RITOURNELLE ?
C'EST MON ÉPÉE QUE JE VIENS METTRE À TON SERVICE ET NON MON LUTH...
J'AI BEAUCOUP VOYAGÉ CES DERNIÈRES ANNÉES... ET J'AI VU NOTRE MONDE S'ENFONCER INEXORABLEMENT DANS LES MARAIS DE L'OUBLI. JE CROYAIS QU'IL N'Y AVAIT PLUS D'ESPOIR QUAND J'AI ENTENDU PARLER DE VOTRE ALLIANCE.
AINSI, TU AS RÉUSSI...
PAS ENCORE. IL ME FAUT DÉSORMAIS VAINCRE. TON ÉPÉE ME SERA PRÉCIEUSE, ANEURIN.
ALORS QUE LES TROUPES ANGLES, SOUS LE COMMANDEMENT DE LEUR ROI HUSSA DE BERNICIE, SE RASSEMBLAIENT EN VUE D'UNE NOUVELLE CAMPAGNE DE CONQUÊTE, LA COALITION BRETONNE MARCHA À SA RENCONTRE.

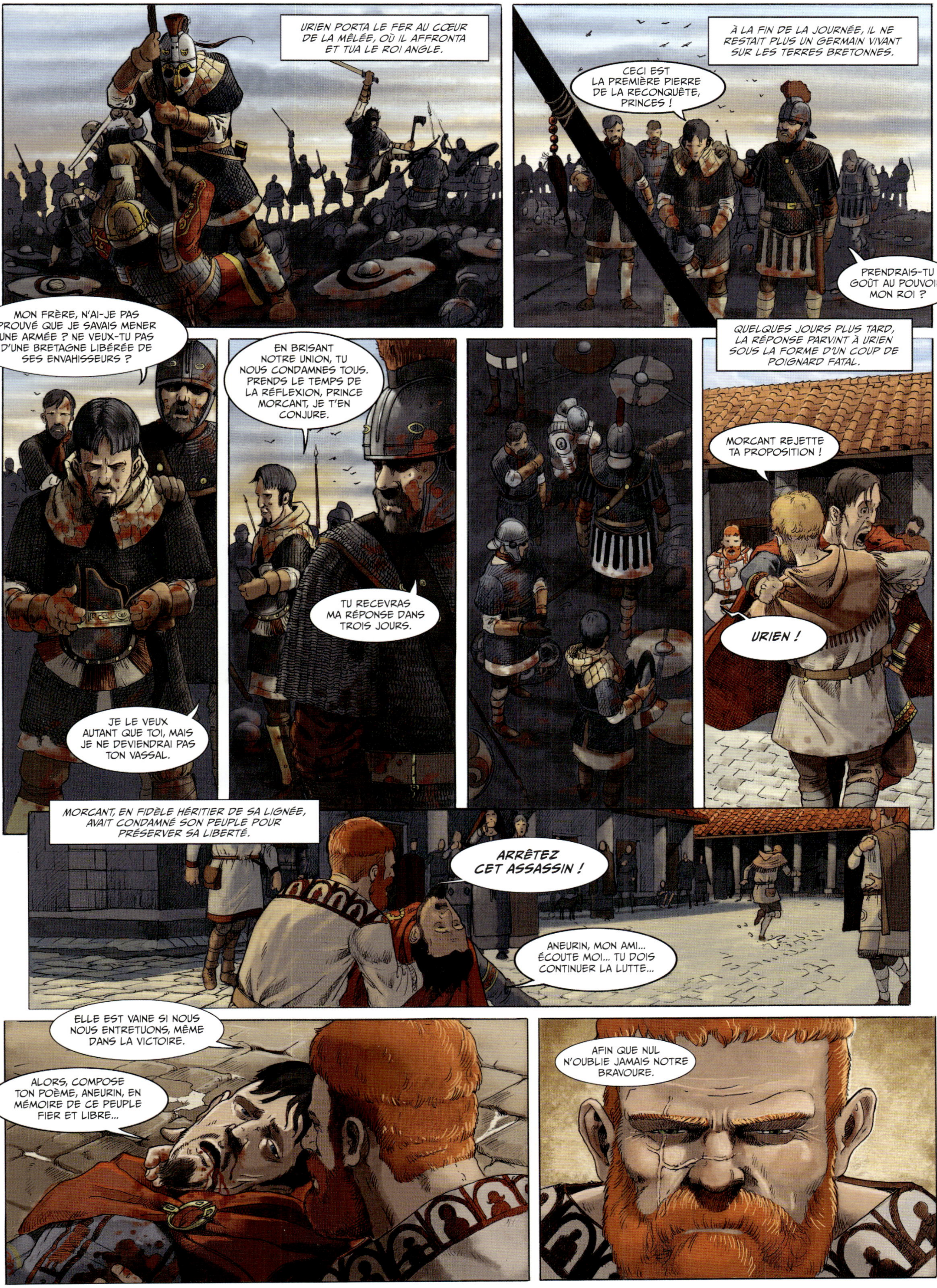
URIEN PORTA LE FER AU CŒUR DE LA MÊLÉE, OÙ IL AFFRONTA ET TUA LE ROI ANGLE.
À LA FIN DE LA JOURNÉE, IL NE RESTAIT PLUS UN GERMAIN VIVANT SUR LES TERRES BRETONNES.
CECI EST LA PREMIÈRE PIERRE DE LA RECONQUÊTE, PRINCES !
PRENDRAIS-TU GOÛT AU POUVOIR, MON ROI ?
MON FRÈRE, N'AI-JE PAS PROUVÉ QUE JE SAVAIS MENER UNE ARMÉE ? NE VEUX-TU PAS D'UNE BRETAGNE LIBÉRÉE DE SES ENVAHISSEURS ?
JE LE VEUX AUTANT QUE TOI, MAIS JE NE DEVIENDRAI PAS TON VASSAL.
EN BRISANT NOTRE UNION, TU NOUS CONDAMNES TOUS. PRENDS LE TEMPS DE LA RÉFLEXION, PRINCE MORCANT, JE T'EN CONJURE.
TU RECEVRAS MA RÉPONSE DANS TROIS JOURS.
QUELQUES JOURS PLUS TARD, LA RÉPONSE PARVINT À URIEN SOUS LA FORME D'UN COUP DE POIGNARD FATAL.
MORCANT REJETTE TA PROPOSITION !
URIEN !
MORCANT, EN FIDÈLE HÉRITIER DE SA LIGNÉE, AVAIT CONDAMNÉ SON PEUPLE POUR PRÉSERVER SA LIBERTÉ.
ARRÊTEZ CET ASSASSIN !
ANEURIN, MON AMI... ÉCOUTE MOI... TU DOIS CONTINUER LA LUTTE...
ELLE EST VAINE SI NOUS NOUS ENTRETUONS, MÊME DANS LA VICTOIRE.
ALORS, COMPOSE TON POÈME, ANEURIN, EN MÉMOIRE DE CE PEUPLE FIER ET LIBRE...
AFIN QUE NUL N'OUBLIE JAMAIS NOTRE BRAVOURE.

SEIGNEUR ANEURIN ! FUYEZ ! LA BATAILLE EST PERDUE !
NON.
DANS LES ANNÉES QUI SUIVIRENT, LES DIVISIONS INTERNES ET LES QUERELLES DE POUVOIR ET DYNASTIQUES ENTRAÎNÈRENT LES FILS DU SANGLIER DANS UNE SÉRIE DE TERRIBLES DÉFAITES.
LA DERNIÈRE GRANDE OFFENSIVE DES BRETONS DU NORD CONTRE LES ENVAHISSEURS GERMANIQUES EUT LIEU PRÈS DE CATTERICK AU TOUT DÉBUT DU VIIE SIÈCLE...
S'ILS AVAIENT ÉTÉ CAPABLES DE SE BATTRE SOUS UNE MÊME AUTORITÉ, ALLIÉE AUX PICTES, AUCUNE DYNASTIE ANGLIENNE N'AURAIT PU LEUR RÉSISTER.
À L'OUEST, LES BRETONS DE L'ACTUEL PAYS DE GALLES TINRENT UN PEU PLUS LONGTEMPS...
MAIS ILS ÉTAIENT EUX AUSSI DIVISÉS EN UNE MULTITUDE DE PETITS ROYAUMES INDÉPENDANTS, INCAPABLES DE S'UNIR FACE À LA MENACE EXTÉRIEURE.
DÈS LA FIN DU VIIE SIÈCLE, L'HISTOIRE DES BRETONS INSULAIRES FUT CELLE D'UN LONG ET INÉLUCTABLE RECUL.
L'EXODE VERS LES TERRES DU SUD FUT MASSIF, SE CONCENTRANT DÉSORMAIS SURTOUT SUR LA BRETAGNE CONTINENTALE, UNE TERRE ORGANISÉE POLITIQUEMENT ET SPIRITUELLEMENT...
... MAIS UNE TERRE SOUMISE AU DÉSIR DE CONQUÊTE DU PUISSANT ROYAUME FRANC...

* AUTEUR DE *DECEM LIBRI HISTORIARUM* OU *L'HISTOIRE DES FRANCS*.

SANS AUCUN DOUTE. *LA MOINDRE BRETAGNE* EST PEU PEUPLÉE ET SES TERRES SONT RICHES... ET SURTOUT, BRETONS ET ARMORICAINS ENTRETIENNENT DES RELATIONS ÉTROITES, CORDIALES ET ANCIENNES, QUI REMONTENT À BIEN AVANT L'OCCUPATION ROMAINE. À CE PROPOS, CONNAIS-TU LES QUATRE PRINCIPAUTÉS QUI LA DIVISENT ?
JE SAIS QU'IL Y A LA DOMNONÉE ET LA CRONAILLE.
CORNOUAILLE ET NON CRONAILLE ! JE VOIS QUE TU AS ÉTÉ PLUS ASSIDU À COURIR LES CHAMPS QU'À ÉTUDIER MES ÉCRITS. LES QUATRE PRINCIPAUTÉS DE BRITANNIA MINOR SONT LA DOMNONÉE, LA CORNOUAILLE, LE LÉON ET LE BROËREC OU BRO WAROCH, DU NOM DE SON PREMIER ROI, UN HOMME JUSTE ET CRAIGNANT DIEU !
MALHEUREUSEMENT, IL SEMBLERAIT QUE SON FILS, CHANAO, SOIT MOINS SAGE QUE LUI ET LA GUERRE SEMBLE DÉSORMAIS INÉVITABLE.
POUR QUELLE RAISON ?
IL A LANCÉ UN VÉRITABLE DÉFI AU ROI CLOTAIRE Ier EN HÉBERGEANT SON FILS REBELLE, CHRAMME. CETTE FORTE TÊTE, À QUI SON PÈRE AVAIT CONFIÉ LE GOUVERNEMENT DE L'AQUITAINE, A DÉCIDÉ DE ROMPRE AVEC LUI LES LIENS DE SUBORDINATION. CLOTAIRE Ier LUI A PARDONNÉ SA PREMIÈRE TRAÎTRISE. C'EST SON FILS... EN BON CHRÉTIEN, IL HÉSITAIT À LE CHÂTIER. MAIS CHRAMME VIENT À NOUVEAU DE DÉFIER SON AUTORITÉ EN SE PLAÇANT SOUS LA PROTECTION DE CHANAO... IL SEMBLERAIT QU'ILS AIENT, DE CONCERT, LEVÉ UNE IMPORTANTE ARMÉE.
EST-CE POUR CETTE RAISON QUE NOUS REVENONS À PARIS ?
OUI, J'ESPÈRE Y TROUVER CLOTAIRE ET LE CONVAINCRE DE CHERCHER UNE RÉSOLUTION DIPLOMATIQUE...
ON DIRAIT QUE C'EST UN PEU TARD POUR CELA, MAÎTRE... CE SONT LES ARMES DE NOTRE ROI CLOTAIRE Ier QUE JE VOIS FLOTTER SUR LES BANNIÈRES !

MON ROI, JE SUIS VENU VOUS DEMANDER D'ACCORDER UNE DERNIÈRE CHANCE À VOTRE FILS...
UNE DERNIÈRE CHANCE ALORS QUE SES TROUPES MENACENT MON ROYAUME ?!
UNE DERNIÈRE CHANCE ALORS QU'IL ME TRAHIT, MOI, SON PÈRE, LE PLUS PUISSANT SOUVERAIN DE CETTE TERRE DEVANT DIEU ?! JE VAIS ÉCRASER CETTE RÉVOLTE, GRÉGOIRE, ET JE LE PUNIRAI, LUI ET SA FAMILLE, POUR SON DOUBLE CRIME.
SI JE NE PEUX IMPLORER LA CLÉMENCE D'UN PÈRE, ALORS JE PEUX PEUT-ÊTRE EN APPELER À LA RAISON D'UN CHEF DE GUERRE !
QUE VEUX-TU DIRE ?
JE SAIS QUE CERTAINS DE VOS PROCHES PENSENT LES BRETONS DU CONTINENT AFFAIBLIS PAR L'EFFONDREMENT MILITAIRE DE LEURS FRÈRES INSULAIRES, MAIS C'EST UN MAUVAIS CALCUL ! LES EXILÉS VIENNENT RENFORCER CHAQUE JOUR UN PEU PLUS LEURS RANGS !
RAISON DE PLUS POUR MONTRER À QUI CES PETITS COMTES DOIVENT LE RESPECT. EUX QUI OSENT SE FAIRE APPELER ROIS, CES... ROITELETS RIDICULES !
QUAND J'EN AURAI FINI AVEC CETTE AFFAIRE, AUCUN D'EUX NE VIENDRA PLUS VENDANGER SAUVAGEMENT MES VIGNOBLES NI VOLER MES TROUPEAUX !
LES ACCORDS PASSÉS AVEC VOTRE ILLUSTRE PÈRE CLOVIS SONT TOUJOURS VALABLES... VOULEZ-VOUS RÉELLEMENT REMETTRE L'INDÉPENDANCE BRETONNE EN QUESTION ?
NON, JE NE DÉSIRE PAS SOUMETTRE À L'IMPÔT CETTE PEUPLADE TEIGNEUSE ET REMUANTE. CELA ME COÛTERAIT PLUS EN TEMPS, EN HOMMES ET EN OR QUE LES MAIGRES RECETTES QUE J'EN TIRERAIS. MAIS JE NE ME LAISSERAI PAS HUMILIER PAR UN BRETON ET ENCORE MOINS PAR MON PROPRE FILS !
MAIS JE TE TROUVE BIEN PRÉVENANT ET MÊME... INDULGENT, À L'ÉGARD DE CES PILLARDS. PEUT-ÊTRE AS-TU PASSÉ TROP DE TEMPS À LES ÉTUDIER. QUI SERS-TU VRAIMENT, GRÉGOIRE DE TOURS ?
JE SERS MON ROI, CLOTAIRE, MAIS JE N'AI QU'UN SEUL MAÎTRE, COMME NOUS TOUS : *DIEU*.

JE NE PEUX M'EMPÊCHER DE TROUVER SUSPECTE CETTE PASSION POUR CES BRETONS. QUEL INTÉRÊT Y A-T-IL À RETRANSCRIRE LEUR HISTOIRE ? LEUR PEUPLE SOMBRERA, QUOI QU'IL EN SOIT, DANS L'OUBLI COMME TANT D'AUTRES.
J'AI UNE PASSION POUR LA VÉRITÉ, MON ROI... ET NON POUR LES BRETONS.
EH BIEN, MOI, J'AI UNE PASSION POUR LA JUSTICE ET CETTE SECONDE TRAHISON TROUVERA SA CONCLUSION DANS LE SANG.
TELLE EST VOTRE PRÉROGATIVE EN TANT QUE SOUVERAIN, MAIS JE TIENS À VOUS FAIRE UNE DERNIÈRE MISE EN GARDE...
POUR AVOIR VÉCU À LEURS CÔTÉS, JE LES CONNAIS BIEN. JE VOUS CONJURE DE NE PAS LES SOUS-ESTIMER. ILS POURRAIENT ÊTRE DE PRÉCIEUX ALLIÉS, TOUT AUTANT QUE DE TERRIBLES ENNEMIS...
DANS LES JOURS QUI SUIVIRENT, L'ARMÉE FRANQUE, SUPÉRIEURE EN NOMBRE, ENGAGEA LES TROUPES DE CHRAMME ET DU ROI DE BROËREC.
MON ROI !
SURPRISES PAR LA VIOLENCE DE L'ASSAUT, LES TROUPES COALISÉES NE PURENT MANŒUVRER ET CLOTAIRE IER PRIT RAPIDEMENT L'AVANTAGE, BRISANT LES RANGS ADVERSES.
LE ROI DE BROËREC EST TOMBÉ EN TENTANT DE FUIR LE COMBAT ! LA VICTOIRE EST À NOUS.
ET MON TRAÎTRE DE FILS ?
NOS NAVIRES L'ONT INTERCEPTÉ ALORS QU'IL PRENAIT LE LARGE AVEC SA FAMILLE... IL COMPTAIT SE RÉFUGIER SUR L'ÎLE DE BRETAGNE...

METTEZ-LES TOUS DANS UNE GRANGE ET FOUTEZ-Y LE FEU.
BIEN, MON ROI.
ATTENDS. JE RESTE UN PÈRE ET JE NE PEUX ME RÉSOUDRE À FAIRE SOUFFRIR MON FILS, MALGRÉ SA TRAHISON.
ÉTRANGLE-LE AVANT D'INCENDIER LA GRANGE.
594 AP. J.-C., GRÉGOIRE, TOURMENTÉ PAR LA MALADIE, S'EST RETIRÉ DANS UN MONASTÈRE PROCHE DE TOURS.
QU'Y A-T-IL, EUPHRONE ?
VOUS AVIEZ PROMIS DE ME RACONTER LA SUITE DE L'HISTOIRE... LE ROI CLOTAIRE IER AVAIT PUNI SON FILS... ET LES BRETONS AVAIENT PERDU LA GUERRE.
OH, CE N'ÉTAIT PAS UNE GUERRE, JUSTE UNE BATAILLE, ET ÇA NE CONCERNAIT PAS TOUT LE PEUPLE BRETON... CETTE DÉFAITE ÉTAIT LOIN DE SONNER LA FIN DE LA RÉSISTANCE BRETONNE... BIEN LOIN...
APRÈS LA MORT DE CHANAO, SON FRÈRE MACLIAU, ÉVÊQUE DE VANNES, LUI SUCCÉDA EN BROËREC, PUIS AU COURS D'UNE GUERRE DE SUCCESSION FRATRICIDE COMME IL Y EN A EU TANT, C'EST SON FILS CADET WAROCH II QUI HÉRITA DE SES TERRES ET DE SA CHARGE EN 577.

ALLEZ, GWENVAELA ! METS UN PEU DE CŒUR, LE SEAU NE SE REMONTERA PAS TOUT SEUL !
ROYAUME DE VANNES, À LA FIN DU VIe SICÈLE.
SI LE RÈGNE DE MACLIAU FUT SANS GRAND ÉCLAT, CELUI DE SON FILS, WAROCH, DONNA DE SÉRIEUX TOURMENTS AU ROI CHILPÉRIC ET AVANT LUI AU ROI CLOTAIRE II, TOUS DEUX FILS DE CLOTAIRE, MORT PEU DE TEMPS APRÈS AVOIR VAINCU ET CONDAMNÉ SON FILS CHRAMME.
DES CAVALIERS...
WAROCH MONTRA RAPIDEMENT DE RÉELLES APTITUDES DE CHEF DE GUERRE. IL REPRIT VANNES, TENUE PAR LES FRANCS, ET POUSSA SON AVANTAGE À L'EST, SUR CES FAMEUSES « MARCHES » DE BRETAGNE ÉTABLIES PAR LES MÉROVINGIENS POUR CONTENIR LE DANGER DE CES BOUILLANTES POPULATIONS D'ORIGINE INSULAIRE...
DES FRANCS ! FUYEZ DANS LES BOIS, LES ENFANTS !
WAROCH, SITÔT APRÈS AVOIR SIGNÉ UN ACCORD AVEC LE ROI FRANC CHILPÉRIC Ier, PETIT-FILS DE CLOVIS ET ROI DE NEUSTRIE, RÉCIDIVA EN PILLANT LES VIGNOBLES NANTAIS.
CHILPÉRIC RASSEMBLA ALORS UNE ARMÉE, CONSTITUÉE DE PICTONS, D'ANDES, DE CÉNOMANS* ET DE TERRIBLES SAXONS RECRUTÉS DANS LE BESSIN...
VIENS !
UNE ARMÉE PUISSANTE ET NOMBREUSE, QUI POURTANT NE PARVINT PAS À FAIRE MORDRE LA POUSSIÈRE AUX FORCES BRETONNES DE WAROCH II. LES TROUPES DE CHILPÉRIC FURENT DÉFAITES.
WAROCH NE S'ARRÊTA PAS À CETTE VICTOIRE. IL MULTIPLIA LES INCURSIONS ET LES RAIDS SUR CETTE MARCHE TENUE PAR LES FRANCS, ET POURSUIVIT SES RAZZIAS DANS LES VIGNES DU PAYS NANTAIS.
AWENA ! CONTINUE !
ATTENDS ! REGARDE !
EN 587, UN NOUVEAU TRAITÉ FUT SIGNÉ AVEC LE ROI GONTRAN, EN PRÉSENCE DE L'ÉVÊQUE D'ORLÉANS ET DU MANS, ET FUT AUSSITÔT ROMPU PAR LE ROI BRETON.
* POITEVINS, ANGEVINS ET MAINAUX.

CELUI-CI JOUIT DE TROIS ANS DE RELATIVE IMPUNITÉ AVANT QUE LA COLÈRE FRANQUE NE VINT METTRE LES TERRES ARMORICAINES À FEU ET À SANG EN PRATIQUANT LA STRATÉGIE DE LA TERRE BRÛLÉE.
POURQUOI ILS ONT BRÛLÉ LES VILLAGES ET TUÉ LES GENS ?
LE ROI GONTRAN, MÊME S'IL AVAIT SANS DOUTE RENONCÉ À CONQUÉRIR LA BRETAGNE, TENAIT AU MOINS À METTRE AU PAS CE WAROCH QUI LUI TENAIT TÊTE. ET LA TERREUR EST UN MOYEN POUR CELA. UN MAUVAIS MOYEN, MAIS MALHEUREUSEMENT, IL FONCTIONNE... LA PLUPART DU TEMPS.
SEULEMENT, FACE AUX BRETONS, ÇA N'A PAS EU L'EFFET ESCOMPTÉ. LE ROI GONTRAN MANDA UNE NOUVELLE ARMÉE, CONDUITE PAR LES DUCS BEPPOLÈNE ET ÉBRACHAIRE... CES DEUX-LÀ S'ENTENDAIENT COMME CHIEN ET CHAT, ET JE PENSE MÊME QU'UNE GRANDE PARTIE DES CRIMES COMMIS PAR LEURS TROUPES VIENT DE LEUR INIMITIÉ... ENFIN, REVENONS À WAROCH...
LA REINE FRÉDÉGONDE LUI AVAIT OBLIGEAMMENT PRÊTÉ DES MERCENAIRES SAXONS ET CELUI-CI EN FIT FORT BON USAGE ! IL TAILLA LES TROUPES FRANQUES DANS LES MARAIS, OBLIGEANT LE DUC BEPPOLÈNE À UNE RETRAITE HONTEUSE...
PENDANT CE TEMPS, ÉBRACHAIRE, MENANT LE GROS DES TROUPES, PÉNÉTRA DANS VANNES AVEC L'AIDE D'UN ÉVÊQUE, ET WAROCH DUT UNE NOUVELLE FOIS ACCEPTER UN ACCORD FACE À LA PUISSANCE FRANQUE.
MAIS COMME LES FOIS PRÉCÉDENTES, IL N'EN TINT AUCUN COMPTE.

* PRÉSENTÉ PAR MAC COMME « DUX BRITANNIAE MULTARUMQUE ALIARUM REGIONUM ».

ESTIME-TOI HEUREUX D'AVOIR LA VIE SAUVE, CHILDÉRIC. TA GOUVERNANCE DU ROYAUME AURAIT MÉRITÉ LE BILLOT !
CONDUISEZ-LE AU MONASTÈRE DE SAINT-BERTIN.
PUIS IL SE FIT ÉLIRE ROI DES FRANCS PAR UNE ASSEMBLÉE DE NOBLES RÉUNIS AU CHAMP DE MARS, À SOISSONS. AVANT DE SE FAIRE OINDRE PAR LES ÉVÊQUES DE GAULE AU NOM DE LA SAINTE-ÉGLISE APOSTOLIQUE ET ROMAINE.
REÇOIS CETTE HUILE SACRÉE, EN RECONNAISSANCE DE TES NOUVEAUX POUVOIRS, PÉPIN, ROI DES FRANCS !
LE PAPE ZACHARIE ACCEPTA LE « COUP D'ÉTAT » DU PREMIER DES CAROLINGIENS, DAVANTAGE PAR INTÉRÊT QUE PAR CONVICTION, CAR ROME RESTAIT SOUS LA CONSTANTE MENACE DES INVASIONS LOMBARDES.
PÉPIN A EU L'AUDACE DE SE FAIRE SACRER SANS NOTRE ACCORD, MAIS CET AFFRONT PEUT NOUS SERVIR, IL EST DÉSORMAIS INVESTI PAR DIEU, ET IL A UN DEVOIR DE PROTECTION ENVERS L'ÉGLISE ET LE SAINT-SIÈGE...
... ALORS, ÉCRIS ENCORE CECI : « AFIN QUE L'ORDRE DU MONDE NE SOIT PAS TROUBLÉ, JE RECONNAIS LE NOUVEAU ROI DES FRANCS, PÉPIN, QUI AURA LE DEVOIR DE PROTÉGER ET DE DIRIGER LES PEUPLES QUE DIEU LUI CONFIE AU NOM DE L'ÉGLISE, ET SOUS LA DIRECTION DU PAPE. »
C'EST UNE SAGE DÉCISION, VOTRE SAINTETÉ.
JE N'AI GUÈRE D'AUTRE CHOIX QUE DE M'APPUYER SUR CE PÉPIN AUX DENTS LONGUES POUR CONJURER LE DANGER LOMBARD ET MAINTENIR L'INFLUENCE DE NOTRE ÉGLISE SUR CE MONDE EN PROFOND BOULEVERSEMENT...
PÉPIN ROMPIT RÉSOLUMENT AVEC L'INDOLENCE DES DERNIERS MÉROVINGIENS ET DIRIGEA SON ROYAUME D'UNE POIGNE DE FER. APRÈS S'ÊTRE FAIT DE NOUVEAU SACRER ROI DES FRANCS, PAR ÉTIENNE II, LE 28 JUILLET 754 À L'ABBAYE ROYALE DE SAINT-DENIS, IL ÉTENDIT SANS RÉPIT LE DOMAINE ROYAL. EN 758, IL ÉCRASA LES LOMBARDS QUI MENAÇAIENT LE SAINT-SIÈGE. PUIS IL COMBATTIT LES ARABES AFIN DE RECONQUÉRIR LA SEPTIMANIE, TÂCHE ACHEVÉE AVEC LA LIBÉRATION DE NARBONNE EN 759, AVANT DE METTRE AU PAS L'AQUITAINE, LES ALAMANS, LES BAVAROIS ET LES SAXONS...

LA PACIFICATION DES « BARBARES » ET SON ALLÉGEANCE À LA PAPAUTÉ, LIBÉRÈRENT PÉPIN DE SES OBLIGATIONS GUERRIÈRES SUR LES FRONTIÈRES MÉRIDIONALES ET ORIENTALES ET LUI LAISSÈRENT LES COUDÉES FRANCHES POUR MATER DES BRETONS QUI LUI TENAIENT TOUJOURS TÊTE.
CE N'EST GUÈRE PRUDENT, SIRE, DE VENIR EN PERSONNE RÉCLAMER LE TRIBUT À CES INSOLENTS BRETONS.
DIVISÉS COMME ILS SONT, CES CHIENS FOUS NE TIENDRONT PAS UNE SEMAINE FACE À MA CAVALERIE LOURDE !
PÉPIN SE TROMPAIT. LES BRETONS OPPOSÈRENT UNE RÉSISTANCE DÉTERMINÉE À SA CAMPAGNE MILITAIRE DE 753. REFUSANT L'AFFRONTEMENT DIRECT, ILS HARCELÈRENT LES TROUPES FRANQUES AVANT DE SE RETIRER DANS LES BOIS OU LES MARAIS...
FINALEMENT, APRÈS DE LONGS MOIS PASSÉS À JOUER AU CHAT ET À LA SOURIS AVEC LES TROUPES BRETONNES, LE ROI FRANC PARVINT À PRENDRE VANNES ET SA RÉGION.
SIRE PÉPIN, CROYEZ-VOUS SINCÈREMENT QUE CES BRETONS SE TIENDRONT TRANQUILLES ?
RIEN N'EST MOINS SÛR, RADULF. ILS ONT UNE TRADITION GUERRIÈRE QUI M'EFFRAIE... ICI, UN SEUL HOMME EN ENGENDRE CINQUANTE ET CETTE MULTITUDE PRÉFÈRE LE MANIEMENT DES ARMES AU TRAVAIL DE LA TERRE !
JE PENSAIS QUE CES INCAPABLES DE MÉROVINGIENS AVAIENT ÉTÉ TROP TENDRES AVEC EUX, MAIS IL N'EN EST RIEN... CES SAUVAGES AU SANG CHAUD PRÉFÉRERONT QUE J'ÉGORGE LEURS FEMMES ET LEURS ENFANTS, QUE JE BRÛLE LEURS TAUDIS PLUTÔT QUE DE BAISSER LES ARMES.
J'AI OUÏ DIRE QUE CERTAINS ATTENDRAIENT MÊME LE RETOUR D'ARTHUR, LEUR ROI LÉGENDAIRE QUI AURAIT COMBATTU LES SAXONS...
JE L'AI ENTENDU ÉGALEMENT. C'EST RIDICULE, MAIS LES BOUGRES SEMBLENT Y CROIRE TOUJOURS DUR COMME FER ET CETTE FARIBOLE LES GALVANISE FACE AU DANGER... NOUS AVONS PRIS VANNES, COUPÉ QUELQUES TÊTES EN GUISE D'EXEMPLES... MAIS CES DIABLES SONT AUSSI INSAISISSABLES QUE DES FANTÔMES !

QUE FAIRE ALORS ?
INSTALLER DES GARNISONS ICI MÊME, DANS LA FIÈRE CITÉ DES ANCIENS VÉNÈTES. À NANTES ET À RENNES ÉGALEMENT, ET CONSTRUIRE UN CORDON INFRANCHISSABLE ENTRE EUX ET NOUS. IL FAUT LES CONTENIR DERRIÈRE UN LIMES, ÉTABLIR UNE VÉRITABLE MARCHE, QUI LEUR MONTRERA QUI EST LE MAÎTRE DÉSORMAIS EN OCCIDENT.
JE PLACERAI À LA TÊTE DE CETTE MARCHE DES HOMMES SÛRS, ACQUIS À MA CAUSE. DES HOMMES APTES À IMPOSER À CES BRETONS LE JUSTE TRIBUT, LEUR CONTRIBUTION AUX DÉPENSES DE L'EMPIRE.
ALLONS-NOUS LEUR LAISSER VANNES, PÈRE ?
LES FRANCS PENSENT QUE CES TERRES SERONT DÉSORMAIS LES LEURS PARCE QU'ILS Y SONT EN NOMBRE, FILS, MAIS IL N'EN EST RIEN.
NOUS AVONS TRAVERSÉ LA MER VOILÀ BIEN LONGTEMPS POUR VENIR ICI... CERTAINS D'ENTRE NOUS SONT VENUS PORTER SECOURS À NOS FRÈRES, D'AUTRES, ENSUITE, SONT VENUS POUR FUIR LES GERMAINS TOUJOURS PLUS NOMBREUX ET TOUJOURS PLUS MAUVAIS ! ILS ONT DÉVORÉ NOTRE MONDE, FILS !
D'AUTRES GERMAINS AUJOURD'HUI VEULENT NOUS VOLER NOTRE TERRE. MAIS IL N'Y A PLUS DE MER OÙ FUIR.
C'EST ICI QUE JE SUIS NÉ, C'EST ICI QUE LE DERNIER DE MES DESCENDANTS MOURRA !
ÉCOUTE-MOI BIEN, MORVAN. LE SANG QUI COULE DANS NOS VEINES EST CELUI DE NOTRE GRAND ROI KONAN MERIADEG... ET, EN TANT QUE TELS, MA DESTINÉE, LA TIENNE OU CELLE DE TES FILS EST DE RÉGNER SUR LA BRETAGNE...
NON PAS SUR UN PAYS ÉCLATÉ, MAIS SUR UN ROYAUME PUISSANT ET UNI DEVANT LEQUEL MÊME L'EMPIRE FRANC DEVRA PLIER LE GENOU !
LES VOILÀ... ATTAQUONS-NOUS ?
PAS ENCORE, FILS...
PENDANT VINGT-CINQ ANS, UN CERTAIN ÉQUILIBRE PERDURA, MAIS L'INSOUMISSION CHRONIQUE DES BRETONS FINIT PAR EXASPÉRER LE ROI CHARLEMAGNE.
EN 776, PÉPIN DÉSIGNA SON SÉNÉCHAL AUDULF POUR ALLER MATER UNE NOUVELLE INSURRECTION DES BRETONS AVEC ORDRE DE LEUR FAIRE PAYER LE TRIBUT.
EN TERRAIN DÉCOUVERT, ILS NOUS ÉCRASERAIENT... IL FAUT ATTENDRE.

SELON LES CHRONIQUES FRANQUES DE L'ÉPOQUE, AUDULF ET SES TROUPES SOUMIRENT BEAUCOUP DE MACHTIERNS BRETONS EN PRENANT LEURS PLACES FORTES DÉFENDUES PAR DES MARAIS OU PAR DES ROCS ESCARPÉS.
LES ESCARMOUCHES FURENT NOMBREUSES ET MORTELLES, SURTOUT POUR LES FRANCS...
PÈRE !
... MAIS NOMBRE DE NOBLES BRETONS TOMBÈRENT OU FURENT FAITS PRISONNIERS.
PÈRE !
IL FAUT PARTIR ! LES FRANCS SE RASSEMBLENT DÉJÀ !
PUIS EMMENÉS EN TERRITOIRE FRANC POUR SERVIR D'OTAGES, LES CHEFS BRETONS REBELLES, ENCHAÎNÉS, FURENT EXHIBÉS DEVANT L'ASSEMBLÉE DE WORMS, AFIN QU'ILS FISSENT ACTE DE SOUMISSION.
À GENOUX ! À GENOUX, CHIENS DE BRETONS !
FAITES ALLÉGEANCE À L'EMPEREUR !
SIRE, TOUTE LA BRETAGNE EST ENFIN PACIFIÉE, ELLE N'OPPOSERA PLUS DE RÉSISTANCE ET VOUS SERA DÉSORMAIS LOYALE.
PUISSES-TU DIRE LA VÉRITÉ, AUDULF.

MAIS LA BRETAGNE N'ÉTAIT PAS ENCORE PRÊTE À SE SOUMETTRE, NI À ENTERRER POUR TOUJOURS SES RÊVES DE LIBERTÉ.
LOEN BREIN ! GALL MILIGET !*
LES COFFRES SONT PRESQUE VIDES !
QUE FERONS-NOUS SI LES FRANCS REVIENNENT EN FORCE, SEIGNEUR MORVAN ?
ILS REVIENDRONT, MON AMI... ILS REVIENNENT TOUJOURS.
À CE MOMENT, LES BRETONS DEVRONT SE TROUVER UN CHEF, PAS UN DE CES CHIENS SERVILES QUI VIVENT À LA FRONTIÈRE, MAIS UN HOMME DE L'ARRIÈRE-PAYS, ENRACINÉ.
EN 799, SUR ORDRE DE L'EMPEREUR, WIDO, COMTE DES MARCHES DE BRETAGNE, LANÇA, DEPUIS SA RÉSIDENCE DE VANNES, UNE AUTRE EXPÉDITION PUNITIVE, JUSQU'AU BOUT DE LA PÉNINSULE.
ET TON PÈRE, NE CRAINS-TU PAS POUR LUI ?
IL ÉTAIT PRÊT À MOURIR POUR LA LIBERTÉ... COMME MOI. COMME NOUS TOUS.
LES BRETONS NE LUI OPPOSÈRENT QU'UNE RÉSISTANCE DÉSUNIE ET DÉSORDONNÉE... LA CAMPAGNE FRANQUE FUT COURONNÉE DE SUCCÈS.
WIDO PRÉSENTA AU ROI LES ARMES DES VAINCUS GRAVÉES DE LEURS NOMS. TOUTE LA BRETAGNE ÉTAIT CONQUISE, CE QUI, SELON LES CHRONIQUES FRANQUES, NE S'ÉTAIT JUSQUE-LÀ JAMAIS VU...
* BÊTE POURRIE ! MAUDIT FRANC !

MAIS LES BRETONS, RESSENTANT DOULOUREUSEMENT L'OCCUPATION DE LEUR PAYS ET LE POIDS DU TRIBUT IMPOSÉ PAR LES FRANCS, PRIRENT DE NOUVEAU LES ARMES EN 811. NOUVELLE RÉSISTANCE, SUIVIE D'UNE NOUVELLE CAMPAGNE IMPÉRIALE... ET DE NOUVELLES EXACTIONS. EN PARTICULIER CONTRE LE PATRIMOINE RELIGIEUX. DE NOMBREUSES ÉGLISES FURENT BRÛLÉES ET, DANS LA RÉGION D'ALETH, DES RELIQUES DE SAINTS FURENT PROFANÉES PAR LA SOLDATESQUE FRANQUE.
EN UN PEU PLUS D'UN DEMI-SIÈCLE, LES ANNALES ROYALES FRANQUES FONT ÉTAT DE HUIT EXPÉDITIONS MILITAIRES DESTINÉES À « MATER » LES BRETONS RÉCALCITRANTS.
LE MOMENT APPROCHE, COMPAGNONS, OÙ LA TERREUR FRANQUE N'INSPIRERA PLUS À NOS FRÈRES QUE DE LA RAGE.
CE JOUR-LÀ, CHARLEMAGNE AURA PERDU LA GUERRE.
À LA MORT DE CHARLEMAGNE, EN JANVIER 814, LA BRETAGNE ÉTAIT EXSANGUE, MAIS PAS SOUMISE. CONTRAIREMENT AUX LOMBARDS, AUX SAXONS, AUX CROATES, AUX TCHÈQUES ET AUX CATALANS.
DEPUIS L'AVÈNEMENT DE CE PÉPIN, LES FRANCS NOUS HARCÈLENT !
ILS NE NOUS LAISSERONT JAMAIS EN PAIX !
TOUS LES DIX ANS, TOUS LES QUINZE ANS, ILS VIENNENT NOUS AGRESSER ET NOUS DÉPOUILLER !
QUAND VOUS EN AUREZ ASSEZ DE RECEVOIR DES COUPS, DE VOUS FAIRE HUMILIER, VOLER, ASSERVIR, DÉPOUILLER, ALORS VOUS COMPRENDREZ QUE NOUS DEVONS NOUS UNIR DURABLEMENT...
MORVAN !
NOUS SOMMES UN PEUPLE DUR AU MAL, ÉPRIS DE LIBERTÉ, MAIS PLUS QUE TOUT, CE QUE NOUS VOULONS, C'EST SURVIVRE... DIVISÉS, NOUS NE VALONS RIEN. NOUS COURONS À NOTRE PROPRE ANÉANTISSEMENT. NOUS DEVIENDRONS DES SUJETS, DES VASSAUX DES FRANCS...
POUR NE PAS DIRE DES ESCLAVES !

LA TIENNE DONC ! N'EST-CE PAS CELA QUE TU DÉSIRES DEPUIS TANT D'ANNÉES, MORVAN, COMTE DE CORNOUAILLE ?
OUI, JE DÉSIRE CETTE COURONNE, RIWALL.
UNIS, NOUS SOMMES FORTS, MES FRÈRES ! LES FRANCS PROFITENT DE NOS QUERELLES INTESTINES POUR VENIR SOUILLER NOS FEMMES ET NOS ÉGLISES ! IL EST TEMPS DE NOUS REGROUPER SOUS UNE SEULE ET MÊME BANNIÈRE, UNE SEULE ET MÊME COURONNE !
JE LA DÉSIRE POUR DONNER À NOTRE PEUPLE SA VÉRITABLE PLACE SUR CETTE TERRE !
SI CE QU'ON RACONTE EST VRAI... SI TU ES VRAIMENT LE DESCENDANT DE KONAN MERIADEG, QUI, VOICI DES LUSTRES, MENA NOS ANCÊTRES AU COMBAT ET À LA CONQUÊTE DE CE PAYS QUI EST À PRÉSENT LE NÔTRE ET SI DIEU LE VEUT...
ALORS, TU SERAS NOTRE ROI. TU NOUS RASSEMBLERAS SOUS TA BANNIÈRE.
ET NOUS COMBATTRONS ENSEMBLE !
AIX-LA-CHAPELLE, RÉSIDENCE IMPÉRIALE, PRINTEMPS 818. DEPUIS QUATRE ANS, CHARLEMAGNE A ÉTÉ RAPPELÉ À DIEU. C'EST LOUIS LE PIEUX QUI A SUCCÉDÉ À SON PÈRE.
C'EST INTOLÉRABLE ! IL Y A SEPT ANS, CHARLEMAGNE LEUR A POURTANT MONTRÉ QUI ÉTAIT LE MAÎTRE. PENSENT-ILS QUE JE SUIS PLUS FAIBLE QUE MON PÈRE ? EST-CE CELA ?

TOUT EST DE LA FAUTE DE CE MORVAN, UN MACHTIERN DE CORNOUAILLE QUE SES PAIRS ONT RECONNU COMME ROI.
UN MACHTIERN, DIS-TU ? QUELLE SORTE DE DIABLE EST-CE DONC ?
ILS NOMMENT AINSI LEUR CHEF DE GUERRE QUI EXERCE DES FONCTIONS JUDICIAIRES.
CES BRETONS CONSTITUENT UNE RACE ORGUEILLEUSE ET REMUANTE, PLEINE DE MALICE ET DE MENSONGES. ILS NE SONT CHRÉTIENS QUE DE NOM, CAR ILS N'EN ONT NI LA FOI, NI LE CULTE, NI LES ŒUVRES...
ET ILS OSENT CONTESTER MON POUVOIR ? LA SOUVERAINETÉ DE L'EMPEREUR !
PERMETTEZ-MOI D'AJOUTER, MON ROI, QUE L'ON RACONTE QUE CHEZ EUX, LE FRÈRE SE MARIE AVEC LA SŒUR, LE FRÈRE ENLÈVE LA FEMME DE SON FRÈRE, TOUS VIVENT DANS L'INCESTE ET LE CRIME.
PAR DIEU !
OUI, SIRE, ILS SÉJOURNENT DANS DES HALLIERS, COMME DES BÊTES FÉROCES, ET VIVENT DE RAPINES. SI NOUS NE TENIONS PAS LES MARCHES, ILS AURAIENT TÔT FAIT DE SE RÉPANDRE DANS NOS CAMPAGNES !
ET CE ROI, MORVAN, QUE SAIS-TU DE LUI ?
PAS GRAND-CHOSE, EN VÉRITÉ. IL AURAIT SA TANIÈRE ENTRE LE BRO WAROCH ET LA CORNOUAILLE, PRÈS D'UN FLEUVE QU'ILS NOMMENT « L'ELLÉ ».
ET SELON TOI, ÇA SERAIT CETTE BÊTE SAUVAGE QUI AURAIT RÉUSSI À UNIR AUTOUR DE LUI LA BRETAGNE ?
C'EST CE QUI SE DIT, LOUIS... ET JE PEUX T'ASSURER QUE CE MORVAN NE METTRA PAS LONGTEMPS À FAIRE COMME SES PRÉDÉCESSEURS. D'ICI PEU, IL MONTRERA LES CROCS ET NOUS DONNERA MAILLE À PARTIR...
J'EN AI ASSEZ ENTENDU. CES BRETONS OCCUPENT MA TERRE SANS PAYER LE JUSTE TRIBUT EN ÉCHANGE DE MA PROTECTION. IL CONVIENT DE LES CHÂTIER DE MANIÈRE EXEMPLAIRE. MAIS AVANT DE LIVRER COMBAT, JE SUIS DISPOSÉ À LEUR OFFRIR UNE CHANCE ULTIME DE SE RATTRAPER...
ET QUE PROPOSEZ-VOUS, SIRE, POUR RÉGLER CE DÉLICAT PROBLÈME ET FAIRE ENTENDRE RAISON À CES REBELLES ?

CE N'EST PAS UN CADEAU QUE CETTE AMBASSADE, WITCHAR ! VOILÀ DES JOURS QUE NOUS CHEVAUCHONS, SANS TRÊVE, OU PRESQUE, DEPUIS AIX-LA-CHAPELLE.
TU OUBLIES LA NUIT QUE NOUS AVONS PASSÉE À RENNES, CLODION...
UNE SEULE NUIT... ET IL A FALLU PARTIR À L'AUBE ! POURQUOI ES-TU SI PRESSÉ DE RENCONTRER CE CHEF BRETON ? ON TE CROIRAIT IMPATIENT DE TE FAIRE RACCOURCIR !
MORVAN NE ME TUERA PAS. LES BRETONS RESPECTENT LES HOMMES D'ÉGLISE, MÊME SI C'EST PLUS PAR SUPERSTITION QUE PAR VÉRITABLE PIÉTÉ. IL ÉCOUTERA LA PROPOSITION QUE J'AI À LUI FAIRE.
ET, OUI, JE SUIS IMPATIENT DE LE RENCONTRER, CAR SI J'ARRIVE À LE CONVAINCRE, NOTRE BON ROI LOUIS POURRAIT M'EN ÊTRE FORT RECONNAISSANT...
UNE EMBUSCADE !
À COUVERT !
IL RESTE LE MOINILLON... TU VEUX QUE JE M'EN OCCUPE, CONGAR ?
JE SUIS UN ÉMISSAIRE DE L'EMPEREUR LOUIS ! JE VIENS RENCONTRER MORVAN !
ALORS COMME ÇA, TU VEUX RENCONTRER MORVAN, PETIT MOINILLON... EH BIEN NOUS ALLONS TE CONDUIRE JUSQU'À LUI ET TU LUI EXPLIQUERAS TOI-MÊME CE QUE FAISAIT CETTE POURRITURE FRANQUE SUR NOTRE TERRE DE BRETAGNE...

CONGAR M'A DIT QUE TU AVAIS CONDUIT UNE BANDE DE MARAUDEURS FRANCS JUSQU'ICI ? DANS QUEL BUT ?
MENSONGE ! IL N'Y AVAIT POINT DE MARAUDEURS AVEC MOI, MAIS DE BONS SOLDATS FIDÈLES À L'EMPEREUR ET À DIEU !
TU VIENS ICI ET TU ME TRAITES DE MENTEUR ? CHEZ MOI ?
NON, SIRE...
ALORS, DIS-MOI CE QUE TU ES VENU FAIRE ICI !
EH BIEN, VOILÀ, NOBLE SIRE, TU HABITES, AVEC TON PEUPLE, UNE TERRE QUI APPARTIENT À LOUIS, TU N'ES PAS SANS LE SAVOIR. OR, DEPUIS PLUSIEURS ANNÉES, TU NÉGLIGES DE VERSER LE TRIBUT QU'IL EST EN DROIT DE TE DEMANDER... L'EMPEREUR N'IGNORE PAS NON PLUS TES PRÉPARATIFS DE GUERRE CONTRE LES FRANCS... LE MOMENT EST VENU, POUR TOI, DE TE RACHETER !
POURSUIS, MOINE, N'AIES CRAINTE. JE NE MANGE PAS LES ÉMISSAIRES, NI LES AMBASSADEURS.
PARS VITE ! HÂTE-TOI D'ALLER PRENDRE LES ORDRES DE TON EMPEREUR ET DE PAYER LE TRIBUT DES BRETONS. PEUT-ÊTRE ALORS, LOUIS TE CONFIERA-T-IL LA DESTINÉE DE LA BRETAGNE ET À CETTE LARGESSE, EN AJOUTERA-T-IL DE PLUS GRANDES...
ET SI JE REFUSE ?
MÉFIE-TOI, MORVAN ! MÉFIE-TOI DU COURROUX DE TON MAÎTRE ! LES FRANCS SONT PUISSANTS. SUR LES CHAMPS DE BATAILLE, ILS N'ONT PAS D'ÉGAUX ! NE LES PROVOQUE PAS. TU POURRAIS, PAR TON INSOLENCE, ÊTRE LE RESPONSABLE DE LA RUINE DES TIENS, DE TA FAMILLE.
JUSTEMENT...
QUI EST CETTE FEMME QUI SE TIENT DEVANT TOI, MORVAN ?

* BARZAZ BREIZ, TRADUIT DU BRETON.

À PEINE WITCHAR EUT-IL RAPPORTÉ À SON MAÎTRE LA RÉPONSE DE MORVAN, QUE LOUIS CONVOQUA LE BAN ET L'ARRIÈRE-BAN DE L'ARMÉE FRANQUE. IL ENJOIGNIT MÊME AUX GUERRIERS DES PEUPLES FRAÎCHEMENT SOUMIS À SE JOINDRE À L'EXPÉDITION PUNITIVE.
D'UN CÔTÉ, UN IMMENSE EMPIRE FRANC QUI SE VOULAIT OU SE PRÉTENDAIT L'HÉRITIER DU GRAND RÊVE DE ROME. DE L'AUTRE, UNE PETITE PRINCIPAUTÉ BRETONNE QUI SE BATTAIT POUR SES DROITS, SES LIBERTÉS, SON INDÉPENDANCE.
LOUIS DÉCIDA DE CONCENTRER SES TROUPES DANS LA VILLE DE VANNES, QUI ÉCHAPPAIT JUSQUE-LÀ À L'AUTORITÉ DE MORVAN ET OBÉISSAIT AUX FRANCS. DE TOUT L'EMPIRE, DES FORCES Y CONVERGÈRENT. SUÈVES, SAXONS, THURINGIENS, BURGONDES, TOUS PLUS OU MOINS FRAÎCHEMENT VASSALISÉS.
DEPUIS LA CITÉ DES VÉNÈTES, IL DÉCIDA D'ALLER PRENDRE LE LOUP EN SA TANIÈRE, AU PIED DES MENEZIOÙ DU, LES MONTAGNES NOIRES.
DANS UN PREMIER TEMPS, L'ARMÉE FRANQUE LONGEA LA CÔTE AFIN D'ÉVITER L'INTÉRIEUR DU PAYS QUI POUVAIT TRÈS VITE SE TRANSFORMER EN COUPE-GORGE.
MAIS BIENTÔT SON ARMÉE DUT QUITTER LE LITTORAL POUR REMONTER LE FLEUVE ELLÉ, EN PLEIN PAYS ENNEMI.
PENDANT UN TEMPS, LES TROUPES DE LOUIS NE RENCONTRÈRENT QU'UNE POPULATION CIVILE DÉSEMPARÉE. ERMOLD LE NOIR, POURTANT CHRONIQUEUR AU SERVICE DE LOUIS, ÉCRIVIT : « ON ENLÈVE LA POPULATION, ON DÉTRUIT LES TROUPEAUX. LES MALHEUREUX BRETONS SONT EMMENÉS CAPTIFS... »
FIDÈLES À UNE STRATÉGIE DÉCRITE PAR CÉSAR HUIT SIÈCLES PLUS TÔT DANS L'ÎLE DE BRETAGNE ET QUI PRÉFIGURE CELLE DES CHOUANS, LES BRETONS ADOPTÈRENT DES TECHNIQUES DE GUÉRILLA, METTANT À PROFIT LE REFUGE OFFERT PAR LA FORÊT, MONTÉS SUR DE PETITS CHEVAUX NERVEUX, RAPIDES ET ENDURANTS.

* COMBAT ! COMBAT ! MALHEUR ROUGE AUX FRANCS !
** COMBAT ! CASSE-LUI LA TÊTE !

MORVAN SURPRIT L'ARMÉE DE LOUIS À LA TOMBÉE DE LA NUIT. SURGISSANT D'UN MARAIS, LES CAVALIERS BRETONS MASSACRÈRENT LEURS ADVERSAIRES QUI TENTÈRENT DE RÉSISTER, MAIS EN FORMATIONS DISPERSÉES...
PROTÉGEZ LE ROI ! RALLIEMENT !
MAIS ALORS QUE LES FRANCS, INCAPABLES DE MANŒUVRER, ÉTAIENT DÉCIMÉS, UNE FRANCISQUE ABATTIT LE CHEVAL DE MORVAN, PROJETANT LE ROI À TERRE...
MORVAN ! DIWALL* !
MON ÉPÉE !
NOOON !
DIEU NOUS A ABANDONNÉS !
LE ROI EST MORT ! MORVAN EST MORT !
QU'EST-CE QUE TU M'AS APPORTÉ LÀ, ROBERT ?
JE CROIS BIEN QUE C'EST LEUR CHEF, CE MORVAN, CE SATANÉ ROI DES BRETONS...
QU'EST-CE QUI ME PROUVE QUE CETTE SALE CABOCHE EST CELLE DE MON ENNEMI ? POUR MOI, LES BRETONS SONT COMME DES MOUTONS, ILS SE RESSEMBLENT TOUS...
JE PEUX TE LE DIRE, LOUIS. J'AI VU CE MORVAN DE MES PROPRES YEUX.
AUCUN DOUTE, MON ROI, C'EST BIEN L'HOMME QUI M'A REÇU, CELUI QUI A DÉFIÉ TON POUVOIR. LA VOLONTÉ DE DIEU EST EXAUCÉE.
RETOURNEZ SUR LE CHAMP DE BATAILLE ET TROUVEZ-MOI LE CORPS DE CELUI À QUI APPARTIENT CETTE TÊTE.

* ATTENTION !

LE MOINE FRANC ERMOLD LE NOIR, DANS SES CHRONIQUES, ASSURE QUE SON MAÎTRE RENDIT LES HONNEURS DUS À UN VAILLANT ADVERSAIRE EN ORGANISANT LUI-MÊME SES FUNÉRAILLES RELIGIEUSES. DANS LES FAITS, IL EST PLUS PROBABLE QU'IL INHUMA MORVAN, DISCRÈTEMENT DANS UN LIEU INCONNU, POUR ÉVITER QUE LES BRETONS NE PUISSENT SE RÉUNIR AUTOUR DE SON TOMBEAU ET QUE DES IDÉES DE REVANCHE NE SE FASSENT JOUR.
AUJOURD'HUI ENCORE, ON IGNORE OÙ SE TROUVE LA SÉPULTURE DE MORVAN.
LOUIS LE DÉBONNAIRE, PROFITANT DE SA VICTOIRE CONTRE MORVAN, DÉCIDA DE METTRE LE PAYS AU PAS SUR LE PLAN RELIGIEUX APRÈS L'AVOIR MIS À GENOUX SUR LE PLAN POLITIQUE...
LA BRETAGNE CONTINENTALE ÉTAIT EN EFFET L'ULTIME RÉGION DU MONDE OCCIDENTAL OÙ LA RÈGLE ET L'ORGANISATION DES CHRÉTIENTÉS CELTIQUES SUBSISTAIENT, MALGRÉ LE CONCILE DE WHITBY, EN L'AN 664.
ENTRE, ENTRE DONC, MATMONOC, ABBÉ DE LANDÉVENNEC. NE CRAINS RIEN, TU ES UN HOMME DE DIEU... CROIS-TU QUE JE L'IGNORE ?
SIRE, QUE ME VAUT CETTE... VISITE ?
TU DOIS BIEN T'EN DOUTER, MATMONOC !
OUI, QUE TROP... AINSI, C'EST TOI, LOUIS, LE ROI DES FRANCS, QUI VIENS IMPOSER TA LOI CIVILE ET SURTOUT TES COUTUMES RELIGIEUSES, JUSQUE CHEZ NOUS.
RESPECT ! LOUIS EST TON UNIQUE ROI, MATMONOC ! TOUT COMME DIEU EST TON SEUL MAÎTRE SPIRITUEL ET NOTRE SOUVERAIN PONTIFE SON REPRÉSENTANT SUR TERRE !
LE SOUVERAIN PONTIFE, NOUS Y VOILÀ ! LE SAINT MARIAGE DES FRANCS ET DE ROME ! LA CONTINUATION PAR D'AUTRES SUBTERFUGES DE LA SAINTE ALLIANCE DU TEMPOREL ET DU SPIRITUEL !

CESSE DE BLASPHÉMER ! IL Y A DES AUTORITÉS EN TOUTES CHOSES. C'EST LA LOI DE LA VIE ET CELLE DU MONDE ET DE LA SOCIÉTÉ ! PERSISTE DANS TON ERREUR ET NOUS TE BRISERONS ! N'OUBLIE PAS QUE VOS FRÈRES INSULAIRES SE SONT TOUS RANGÉS À NOS JUSTES ARGUMENTS. VOUS ÊTES LES SEULS À DÉFIER LA RAISON ET LE BON SENS !
ON MURMURE, À TOURS ET AILLEURS, QU'AU FOND DE VOS MONASTÈRES, VOUS RESTERIEZ FIDÈLES À L'HÉRÉSIE DE CE FOU DE PÉLAGE*, UN BRETON, COMME TOI, QUI PRÔNAIT LE LIBRE ARBITRE DE L'HOMME ! QUEL ORGUEIL ! QUELLE HÉRÉSIE ! TU SAIS CE QU'ON FAIT DES HÉRÉTIQUES, MATMONOC ? TU LE SAIS ?
JE SAIS SIMPLEMENT, FRANC, QUE CE N'EST PAS À TOI DE ME DIRE DE QUELLE MANIÈRE JE DOIS HONORER DIEU.
S'IL N'Y AVAIT QUE DIEU ! MAIS TES MOINES SENTENT LE FAGOT ET LE PAGANISME À PLEIN NEZ, MATMONOC ! QU'EST-CE QUE C'EST QUE CE SAINT RONAN QUI FOUDROYA UN HUMBLE BÛCHERON DONT LE SEUL TORT FUT DE COUPER UN ARBRE ? ET CETTE FARIBOLE DE KEVIN, L'HIBERNIEN, QUI RESTA DES MOIS LES BRAS ÉTENDUS POUR NE PAS GÊNER LES OISEAUX QUI Y AVAIENT ÉTABLI LEURS NIDS !
ET S'IL N'Y AVAIT QUE CES FABLES, MAIS ON SAIT, À TOURS, QUE VOUS ENTRETENEZ DES RELATIONS COUPABLES AVEC LES FEMMES.
LES CONHOSPITAE ? LES DIACONESSES QUI NOUS AIDENT À CÉLÉBRER LE CULTE !
TAIS-TOI ! DES CATINS, TOUT JUSTE BONNES À JETER AUX PORCS !
CALME-TOI, ACTARD. JE SUIS CERTAIN QUE NOTRE AMI MATMONOC AURA COMPRIS NOTRE MESSAGE.
VIENS, ALLONS MARCHER ET PARLONS, MON AMI...
LOUIS, À FORCE DE MENACES ET DE SÉDUCTION, PARVINT À METTRE LES DERNIERS ABBÉS-ÉVÊQUES CELTIQUES DE BRETAGNE AU PAS.
CE QU'IL CONSIDÉRAIT COMME UNE ÉPINE DANS SON PIED ET UNE HÉRÉSIE OU UN « SCHISME » À L'ÉGARD DE ROME ALLAIT FINALEMENT DISPARAÎTRE...
IL LES CONVAINQUIT D'ABANDONNER LA RÈGLE DE SAINT COLOMBAN AU PROFIT DE CELLE DE SAINT BENOÎT ET DE SE SOUMETTRE À L'AUTORITÉ DE LA MÉTROPOLE DE TOURS.

* VOIR TOME 1.

* LES FRANCS HORS DU PAYS !

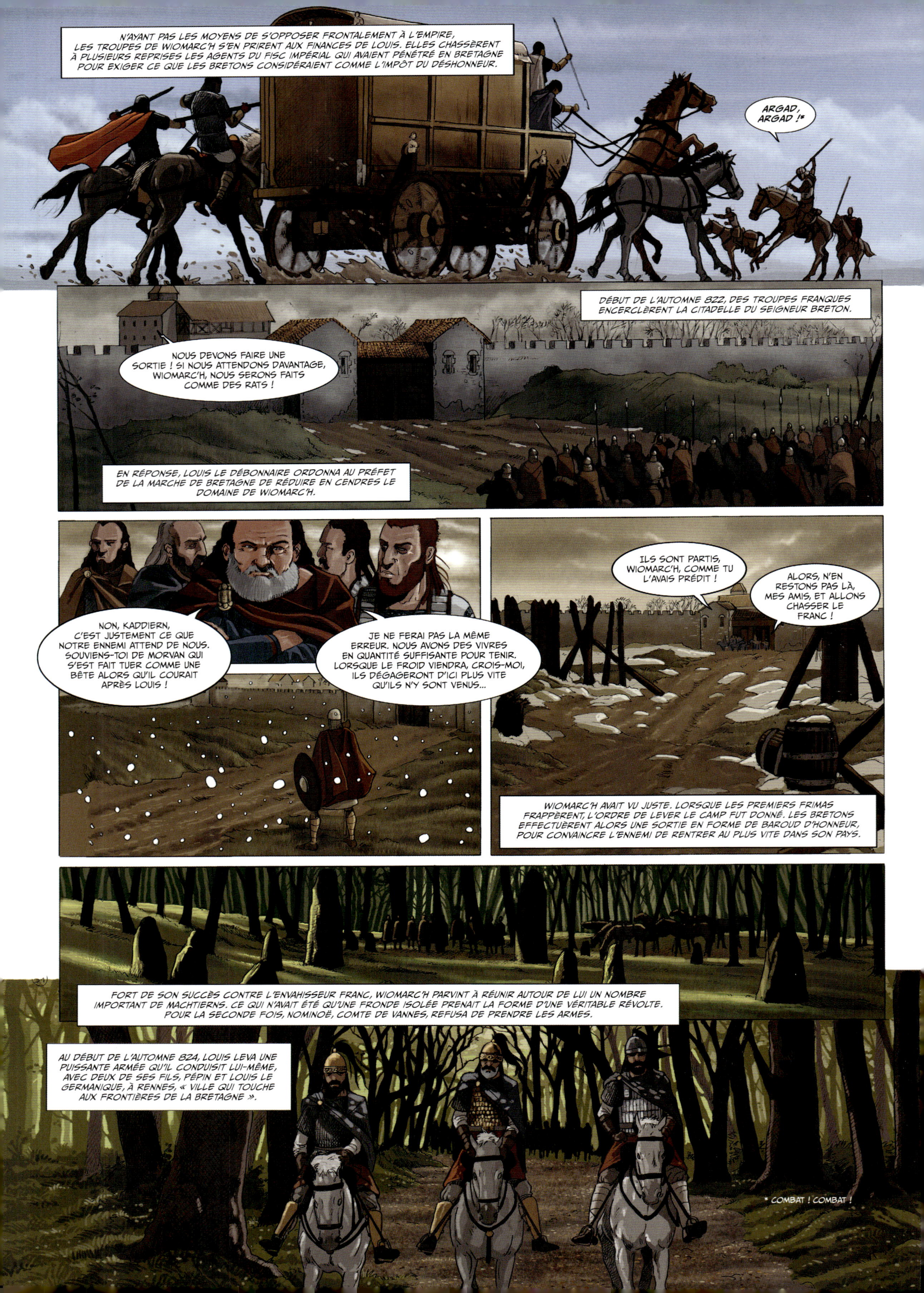
N'AYANT PAS LES MOYENS DE S'OPPOSER FRONTALEMENT À L'EMPIRE, LES TROUPES DE WIOMARC'H S'EN PRIRENT AUX FINANCES DE LOUIS. ELLES CHASSÈRENT À PLUSIEURS REPRISES LES AGENTS DU FISC IMPÉRIAL QUI AVAIENT PÉNÉTRÉ EN BRETAGNE POUR EXIGER CE QUE LES BRETONS CONSIDÉRAIENT COMME L'IMPÔT DU DÉSHONNEUR.
ARGAD, ARGAD !*
DÉBUT DE L'AUTOMNE 822, DES TROUPES FRANQUES ENCERCLÈRENT LA CITADELLE DU SEIGNEUR BRETON.
NOUS DEVONS FAIRE UNE SORTIE ! SI NOUS ATTENDONS DAVANTAGE, WIOMARC'H, NOUS SERONS FAITS COMME DES RATS !
EN RÉPONSE, LOUIS LE DÉBONNAIRE ORDONNA AU PRÉFET DE LA MARCHE DE BRETAGNE DE RÉDUIRE EN CENDRES LE DOMAINE DE WIOMARC'H.
NON, KADDIERN, C'EST JUSTEMENT CE QUE NOTRE ENNEMI ATTEND DE NOUS. SOUVIENS-TOI DE MORVAN QUI S'EST FAIT TUER COMME UNE BÊTE ALORS QU'IL COURAIT APRÈS LOUIS !
JE NE FERAI PAS LA MÊME ERREUR. NOUS AVONS DES VIVRES EN QUANTITÉ SUFFISANTE POUR TENIR. LORSQUE LE FROID VIENDRA, CROIS-MOI, ILS DÉGAGERONT D'ICI PLUS VITE QU'ILS N'Y SONT VENUS...
ILS SONT PARTIS, WIOMARC'H, COMME TU L'AVAIS PRÉDIT !
ALORS, N'EN RESTONS PAS LÀ, MES AMIS, ET ALLONS CHASSER LE FRANC !
WIOMARC'H AVAIT VU JUSTE. LORSQUE LES PREMIERS FRIMAS FRAPPÈRENT, L'ORDRE DE LEVER LE CAMP FUT DONNÉ. LES BRETONS EFFECTUÈRENT ALORS UNE SORTIE EN FORME DE BAROUD D'HONNEUR, POUR CONVAINCRE L'ENNEMI DE RENTRER AU PLUS VITE DANS SON PAYS.
FORT DE SON SUCCÈS CONTRE L'ENVAHISSEUR FRANC, WIOMARC'H PARVINT À RÉUNIR AUTOUR DE LUI UN NOMBRE IMPORTANT DE MACHTIERNS. CE QUI N'AVAIT ÉTÉ QU'UNE FRONDE ISOLÉE PRENAIT LA FORME D'UNE VÉRITABLE RÉVOLTE. POUR LA SECONDE FOIS, NOMINOË, COMTE DE VANNES, REFUSA DE PRENDRE LES ARMES.
AU DÉBUT DE L'AUTOMNE 824, LOUIS LEVA UNE PUISSANTE ARMÉE QU'IL CONDUISIT LUI-MÊME, AVEC DEUX DE SES FILS, PÉPIN ET LOUIS LE GERMANIQUE, À RENNES, « VILLE QUI TOUCHE AUX FRONTIÈRES DE LA BRETAGNE ».
* COMBAT ! COMBAT !

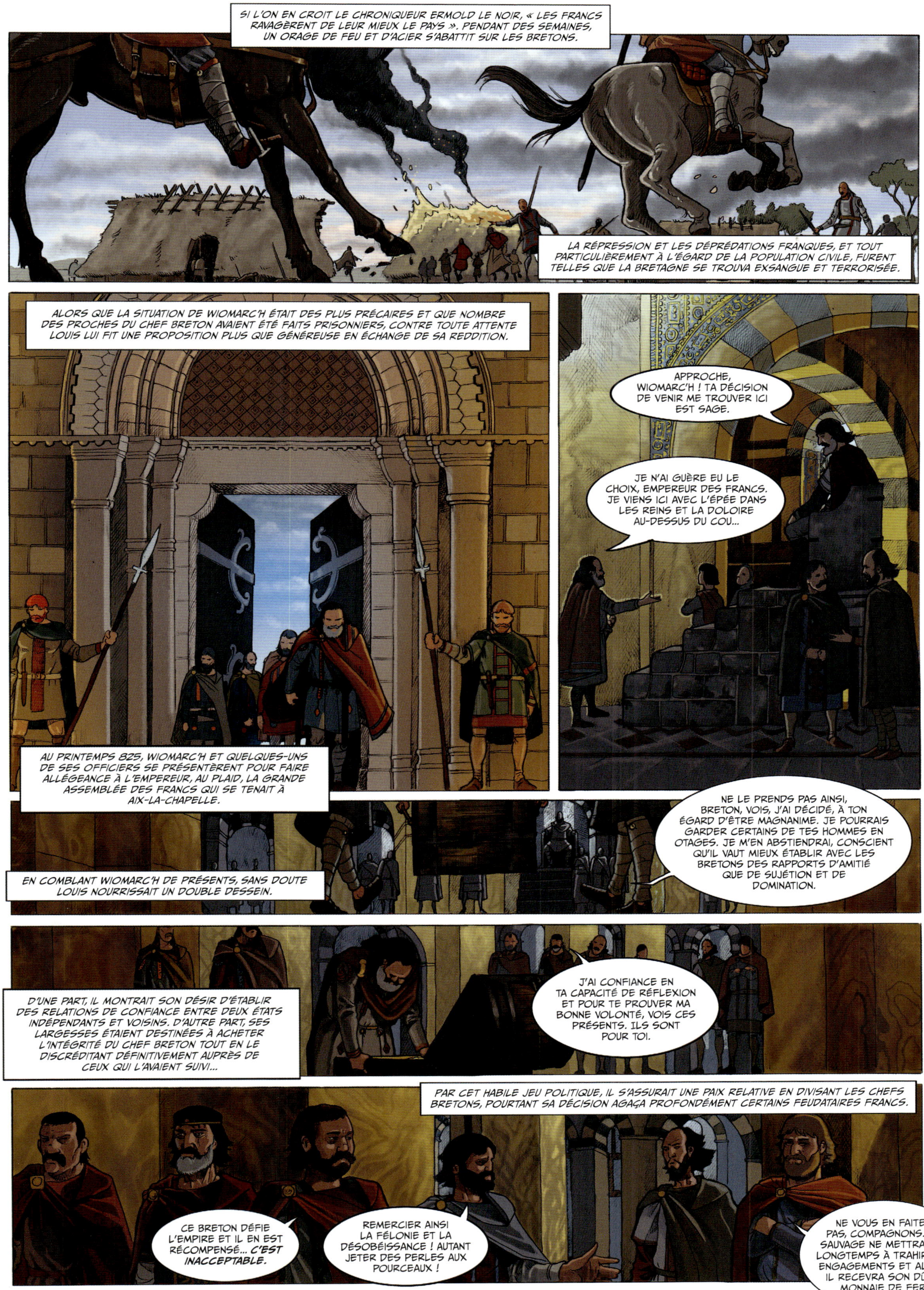
SI L'ON EN CROIT LE CHRONIQUEUR ERMOLD LE NOIR, « LES FRANCS RAVAGÈRENT DE LEUR MIEUX LE PAYS ». PENDANT DES SEMAINES, UN ORAGE DE FEU ET D'ACIER S'ABATTIT SUR LES BRETONS.
LA RÉPRESSION ET LES DÉPRÉDATIONS FRANQUES, ET TOUT PARTICULIÈREMENT À L'ÉGARD DE LA POPULATION CIVILE, FURENT TELLES QUE LA BRETAGNE SE TROUVA EXSANGUE ET TERRORISÉE.
ALORS QUE LA SITUATION DE WIOMARC'H ÉTAIT DES PLUS PRÉCAIRES ET QUE NOMBRE DES PROCHES DU CHEF BRETON AVAIENT ÉTÉ FAITS PRISONNIERS, CONTRE TOUTE ATTENTE LOUIS LUI FIT UNE PROPOSITION PLUS QUE GÉNÉREUSE EN ÉCHANGE DE SA REDDITION.
AU PRINTEMPS 825, WIOMARC'H ET QUELQUES-UNS DE SES OFFICIERS SE PRÉSENTÈRENT POUR FAIRE ALLÉGEANCE À L'EMPEREUR, AU PLAID, LA GRANDE ASSEMBLÉE DES FRANCS QUI SE TENAIT À AIX-LA-CHAPELLE.
APPROCHE, WIOMARC'H ! TA DÉCISION DE VENIR ME TROUVER ICI EST SAGE.
JE N'AI GUÈRE EU LE CHOIX, EMPEREUR DES FRANCS. JE VIENS ICI AVEC L'ÉPÉE DANS LES REINS ET LA DOLOIRE AU-DESSUS DU COU...
EN COMBLANT WIOMARC'H DE PRÉSENTS, SANS DOUTE LOUIS NOURRISSAIT UN DOUBLE DESSEIN.
NE LE PRENDS PAS AINSI, BRETON, VOIS, J'AI DÉCIDÉ, À TON ÉGARD D'ÊTRE MAGNANIME. JE POURRAIS GARDER CERTAINS DE TES HOMMES EN OTAGES. JE M'EN ABSTIENDRAI, CONSCIENT QU'IL VAUT MIEUX ÉTABLIR AVEC LES BRETONS DES RAPPORTS D'AMITIÉ QUE DE SUJÉTION ET DE DOMINATION.
D'UNE PART, IL MONTRAIT SON DÉSIR D'ÉTABLIR DES RELATIONS DE CONFIANCE ENTRE DEUX ÉTATS INDÉPENDANTS ET VOISINS. D'AUTRE PART, SES LARGESSES ÉTAIENT DESTINÉES À ACHETER L'INTÉGRITÉ DU CHEF BRETON TOUT EN LE DISCRÉDITANT DÉFINITIVEMENT AUPRÈS DE CEUX QUI L'AVAIENT SUIVI...
J'AI CONFIANCE EN TA CAPACITÉ DE RÉFLEXION ET POUR TE PROUVER MA BONNE VOLONTÉ, VOIS CES PRÉSENTS. ILS SONT POUR TOI.
PAR CET HABILE JEU POLITIQUE, IL S'ASSURAIT UNE PAIX RELATIVE EN DIVISANT LES CHEFS BRETONS, POURTANT SA DÉCISION AGAÇA PROFONDÉMENT CERTAINS FEUDATAIRES FRANCS.
CE BRETON DÉFIE L'EMPIRE ET IL EN EST RÉCOMPENSÉ... C'EST INACCEPTABLE.
REMERCIER AINSI LA FÉLONIE ET LA DÉSOBÉISSANCE ! AUTANT JETER DES PERLES AUX POURCEAUX !
NE VOUS EN FAITES PAS, COMPAGNONS. CE SAUVAGE NE METTRA PAS LONGTEMPS À TRAHIR SES ENGAGEMENTS ET ALORS IL RECEVRA SON DÛ EN MONNAIE DE FER.

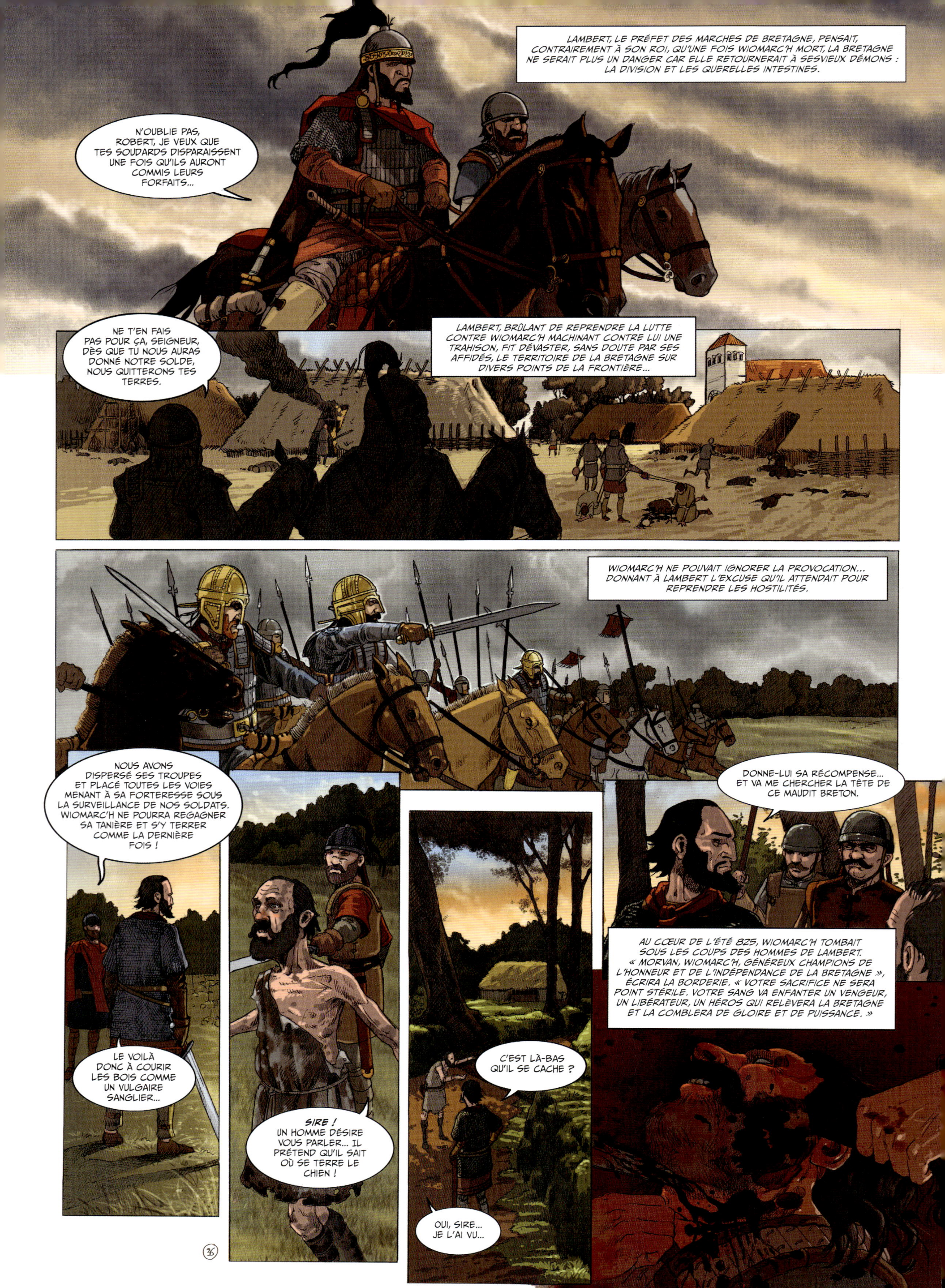
LAMBERT, LE PRÉFET DES MARCHES DE BRETAGNE, PENSAIT, CONTRAIREMENT À SON ROI, QU'UNE FOIS WIOMARC'H MORT, LA BRETAGNE NE SERAIT PLUS UN DANGER CAR ELLE RETOURNERAIT À SESVIEUX DÉMONS : LA DIVISION ET LES QUERELLES INTESTINES.
N'OUBLIE PAS, ROBERT, JE VEUX QUE TES SOUDARDS DISPARAISSENT UNE FOIS QU'ILS AURONT COMMIS LEURS FORFAITS...
NE T'EN FAIS PAS POUR ÇA, SEIGNEUR, DÈS QUE TU NOUS AURAS DONNÉ NOTRE SOLDE, NOUS QUITTERONS TES TERRES.
LAMBERT, BRÛLANT DE REPRENDRE LA LUTTE CONTRE WIOMARC'H MACHINANT CONTRE LUI UNE TRAHISON, FIT DÉVASTER, SANS DOUTE PAR SES AFFIDÉS, LE TERRITOIRE DE LA BRETAGNE SUR DIVERS POINTS DE LA FRONTIÈRE...
WIOMARC'H NE POUVAIT IGNORER LA PROVOCATION... DONNANT À LAMBERT L'EXCUSE QU'IL ATTENDAIT POUR REPRENDRE LES HOSTILITÉS.
NOUS AVONS DISPERSÉ SES TROUPES ET PLACÉ TOUTES LES VOIES MENANT À SA FORTERESSE SOUS LA SURVEILLANCE DE NOS SOLDATS. WIOMARC'H NE POURRA REGAGNER SA TANIÈRE ET S'Y TERRER COMME LA DERNIÈRE FOIS !
LE VOILÀ DONC À COURIR LES BOIS COMME UN VULGAIRE SANGLIER...
SIRE ! UN HOMME DÉSIRE VOUS PARLER... IL PRÉTEND QU'IL SAIT OÙ SE TERRE LE CHIEN !
C'EST LÀ-BAS QU'IL SE CACHE ?
OUI, SIRE... JE L'AI VU...
DONNE-LUI SA RÉCOMPENSE... ET VA ME CHERCHER LA TÊTE DE CE MAUDIT BRETON.
AU CŒUR DE L'ÉTÉ 825, WIOMARC'H TOMBAIT SOUS LES COUPS DES HOMMES DE LAMBERT. « MORVAN, WIOMARC'H, GÉNÉREUX CHAMPIONS DE L'HONNEUR ET DE L'INDÉPENDANCE DE LA BRETAGNE », ÉCRIRA LA BORDERIE. « VOTRE SACRIFICE NE SERA POINT STÉRILE. VOTRE SANG VA ENFANTER UN VENGEUR, UN LIBÉRATEUR, UN HÉROS QUI RELÈVERA LA BRETAGNE ET LA COMBLERA DE GLOIRE ET DE PUISSANCE. »

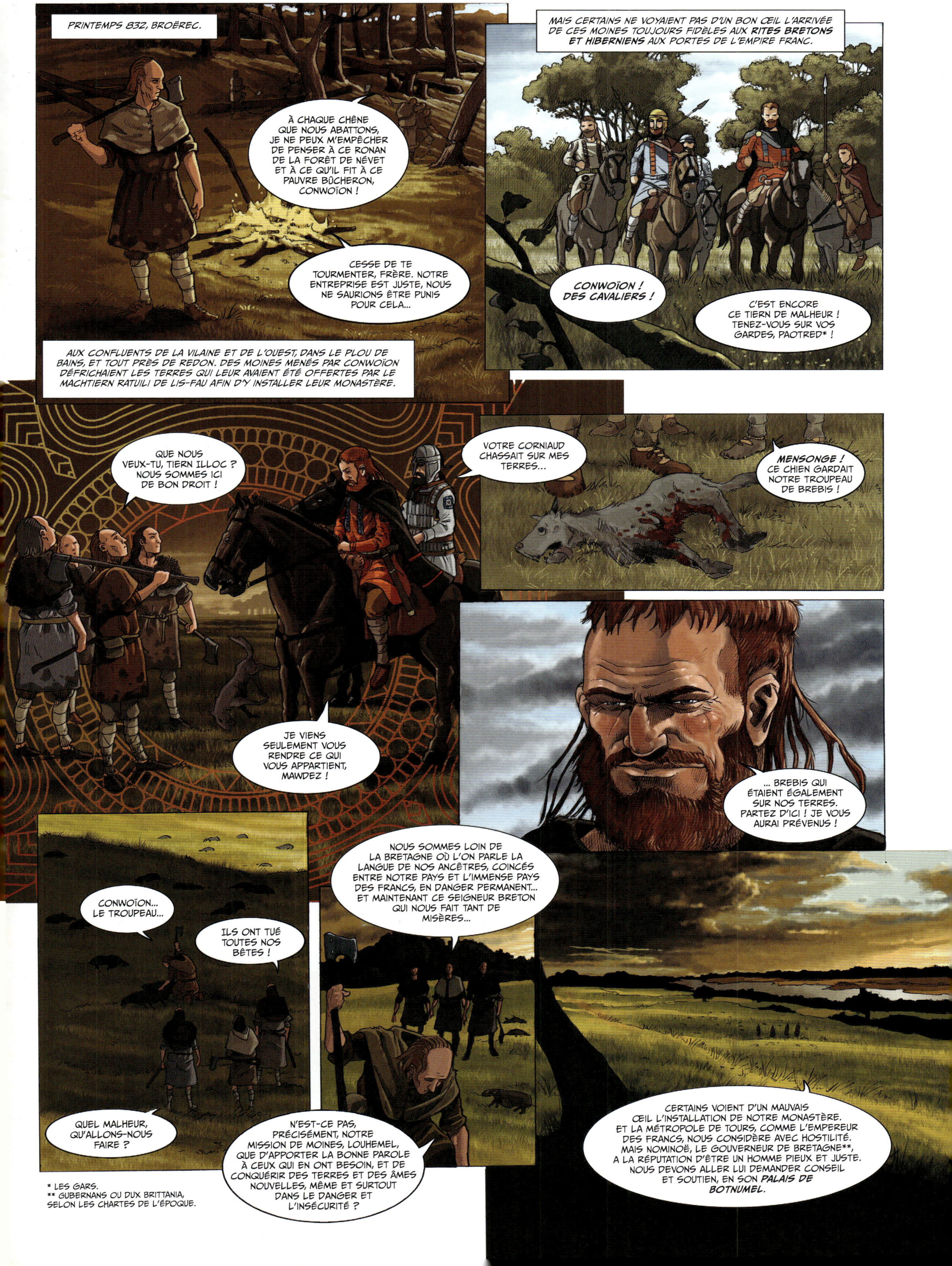

* LES GARS.
** GUBERNANS OU DUX BRITTANIA, SELON LES CHARTES DE L'ÉPOQUE.

LA MORT DE WIOMARC'H AVAIT PLONGÉ LE ROI FRANC DANS UNE PROFONDE PERPLEXITÉ. D'UN CÔTÉ, IL N'AVAIT PLUS À S'INQUIÉTER DE CE DANGEREUX ADVERSAIRE, D'UN AUTRE IL CRAIGNAIT DE DEVOIR DE NOUVEAU FAIRE FACE À UNE KYRIELLE DE PETITS SEIGNEURS HOSTILES ET VA-T-EN-GUERRE...
IL SE RETOURNA ALORS VERS NOMINOË, QU'IL AVAIT NOMMÉ COMTE DE VANNES ET À QUI IL AVAIT DONNÉ SA CONFIANCE APRÈS LA MORT DU ROI MORVAN. LOUIS ÉTAIT D'AUTANT PLUS SÛR DE SON CHOIX QUE NOMINOË N'AVAIT PAS SOUTENU LE PARTI BELLICISTE DE WIOMARC'H.
JE SUIS HEUREUX QUE TU AIES EU LA SAGESSE DE RÉPONDRE À MON APPEL, NOMINOË, COMTE DE VANNES.
J'ESPÈRE QUE PAR SAGESSE, TU N'ENTENDS PAS FAIBLESSE, ROI DES FRANCS, CAR NE JE SUIS PAS ICI POUR TRAHIR LES MIENS.
JE NE VEUX PAS D'UN HOMME DE MAIN, QUI NE SERAIT NI RESPECTÉ, NI ÉCOUTÉ PAR SES PAIRS. JE VEUX UN SEIGNEUR RAISONNABLE ŒUVRANT POUR LA PAIX ENTRE MON ROYAUME ET LA BRETAGNE...
ET QU'EST-CE QUI TE FAIT DIRE QU'ILS M'ÉCOUTERONT ? JE NE SUIS QU'UN PETIT SEIGNEUR.
TU AURAS MON SOUTIEN, JE TE NOMMERAI *GOUVERNEUR*, MAIS TU GARDERAS TA LIBERTÉ DE JUGEMENT. LES TIENS ONT TROP SOUVENT TRAHI LA PAROLE DONNÉE...
... QUE TOI ET TES PRÉDÉCESSEURS NOUS AVIEZ ARRACHÉE DANS L'ADVERSITÉ !
J'AI COMPRIS QUE JE N'OBTIENDRAI JAMAIS RIEN DE TON PEUPLE SOUS LA CONTRAINTE. ALORS, VOILÀ MON OFFRE, TU ADMINISTRERAS LA BRETAGNE EN MON NOM ET TU RESPECTERAS LES TRAITÉS QUI LIENT NOS DEUX ROYAUMES. LE TRIBUT DEVRA ÊTRE VERSÉ. EN ÉCHANGE DE QUOI, JE M'ASSURERAI QUE NUL NE PUISSE TE DÉSAVOUER. AINSI, LA BRETAGNE RENOUERA ENFIN AVEC LA PAIX.
NOMMÉ DUX OU GUBERNANS DE BRETAGNE, VERS 831, D'APRÈS HUBERT GUILLOTEL, NOMINOË FIT LONGTEMPS PROFIL BAS, RESPECTANT LA PAROLE DONNÉE, PRÉFÉRANT LES CHOIX TACTIQUES À LA RÉVOLTE OUVERTE ET FAVORISANT LES IMPLANTATIONS INSTITUTIONNELLES BRETONNES DANS LES RÉGIONS DES MARCHES, OFFRANT À SON PAYS UN RÉPIT ET UNE PÉRIODE DE PROSPÉRITÉ.
CES MOINES NE PEUVENT S'INSTALLER PRÈS DE REDON, GOUVERNEUR ! NOUS SOMMES DES COUSINS DE CET INCONSCIENT DE RATUILI ET NOUS AVONS DES DROITS SUR LES TERRES QU'IL LEUR A DONNÉES SANS NOUS CONSULTER !
C'EST DANS CE CONTEXTE PROPICE, QUE LES MOINES CONWOÏON ET LOUHEMEL ALLÈRENT RENCONTRER NOMINOË EN SON PALAIS.

SEIGNEUR, CONWOÏON ET MES AUTRES FRÈRES VEULENT, DANS CE DÉSERT VERT, CONSTRUIRE UN MONASTÈRE OÙ, CHAQUE JOUR, NOUS PRIERONS POUR VOUS ET POUR LE SALUT DE LA BRETAGNE TOUTE ENTIÈRE. MAIS CE MÉCHANT TIERN NOUS HARCÈLE ET NOUS EN EMPÊCHE.
C'EST FAUX ! MENSONGES !
SEIGNEUR NOMINOË ! LA TERRE OCCUPÉE PAR CES ENJÔLEURS M'APPARTIENT ! ELLE DOIT M'ÊTRE RENDUE COMME FAISANT PARTIE DE MON HÉRITAGE !
TU M'AS DIT QUE VOUS VOULIEZ PRIER POUR LE SALUT DE LA BRETAGNE TOUTE ENTIÈRE, MOINE ? MAIS D'OÙ VENEZ-VOUS ?
LA PLUPART D'ENTRE NOUS SOMMES NATIFS DU DIOCÈSE DE VANNES, SEIGNEUR NOMINOË. MAIS NOUS SOMMES TOUS BRETONS, COMME TOI. D'AILLEURS, CONTRE VENTS ET MARÉES, NOUS RESTONS FIDÈLES À LA RÈGLE DE SAINT COLOMBAN...
JE VOIS... ET TU VOUDRAIS, ILLOC, REMPLIR CE LIEU D'IMPIES ET DE VOYOUS COMME TOI, PLUTÔT QUE DE MOINES PIEUX, D'HOMMES JUSTES AU SERVICE DE DIEU... ET DE LA BRETAGNE !?
JE DÉFENDS MON DROIT !
DEHORS, ILLOC, L'AFFAIRE EST ENTENDUE.
ÇA NE SE PASSERA PAS COMME ÇA ! TA DÉCISION N'A AUCUNE VALEUR JURIDIQUE !
ILLOC FUT JETÉ À LA PORTE DU PALAIS DE NOMINOË... MAIS, À PEINE RENTRÉ SUR SES TERRES, IL REPRIT, À L'ÉGARD DES MOINES, SES HABITUDES DE HARCÈLEMENT ET SES EXACTIONS.

SUR LES CONSEILS DE NOMINOË, CONWOÏON ALLA À LA RENCONTRE DE L'EMPEREUR LOUIS, LORS D'UN DE SES DÉPLACEMENTS À JOCUNDIACUM, EN LIMOUSIN. SEULE EN EFFET, UNE CONFIRMATION IMPÉRIALE, ÉTAIT EN MESURE DE METTRE FIN AU CONFLIT ENTRE LES MOINES ET LES PARTISANS D'ILLOC.
VOIS-TU CE QUE JE VOIS, CONWOÏON ? RÉNIER, L'ÉVÊQUE DE VANNES ? CELUI QUE TU AS JADIS AIDÉ ET SERVI, EN TANT QU'ARCHIDIACRE. IL DEVRAIT À PRÉSENT PRENDRE NOTRE PARTI.
DIEU ME GARDE D'AVOIR TON OPTIMISME. NE VOIS-TU PAS QUE LOUIS EST AUSSI FLANQUÉ DE RICOUIN, COMTE DE NANTES, UN FRANC DE LA PIRE ESPÈCE. CET ARÉOPAGE NE ME DIT RIEN QUI VAILLE...
AU-DELÀ DE TOUTE CONSIDÉRATION STRATÉGIQUE, QUE DIABLE VIENT FAIRE ENCORE CETTE HORRIBLE TONSURE ! NE VOUS AI-JE PAS ORDONNÉ, À VOUS AUTRES, BRETONS, D'ABANDONNER VOS COUTUMES IMPIES ET DE VOUS CONFORMER ENFIN À LA RÈGLE DE NOTRE VÉNÉRÉ SAINT BENOÎT !? CE QUI VAUT POUR LANDÉVENNEC VAUT POUR TOUS VOS ÉTABLISSEMENTS ! QU'ILS QUITTENT CES LIEUX ET QU'ILS NE REVIENNENT PAS AVANT D'AVOIR UN ACCOUTREMENT DÉCENT !
LA RÉALITÉ SE CHARGEA DE DONNER RAISON À CONWOÏON. LE POUVOIR TEMPOREL ET LE POUVOIR SPIRITUEL FRANCS S'ÉTAIENT ALLIÉS POUR CONJURER L'AVANCÉE DES INSTITUTIONS BRETONNES DANS LE PAYS DES MARCHES.
SIRE, N'ACCORDEZ POINT SATISFACTION À CES MOINES !
NE VOYEZ-VOUS DONC PAS LE DANGER DE LAISSER S'IMPLANTER ET S'AGRANDIR UNE ABBAYE FORTEMENT IMPRÉGNÉE DE L'ESPRIT BRETON SUR LA VILAINE ? LE LIEU QU'ILS CONVOITENT EST TROP IMPORTANT POUR LA DÉFENSE DE VOTRE EMPIRE !
CONWOÏON ET LOUHEMEL REPARTIRENT VERS REDON, LA MORT DANS L'ÂME. MAIS ILS NE RENONCÈRENT PAS ET REVINRENT À LA CHARGE AUPRÈS DE LOUIS, À TOURS, EN NOVEMBRE 832. ILS FURENT DE NOUVEAU ÉCONDUITS ET L'ON TENTA MÊME DE JETER LE DISCRÉDIT SUR EUX...
À CETTE ÉPOQUE, LE CLIMAT POLITIQUE ÉTAIT DÉTESTABLE DANS L'EMPIRE DES FRANCS. LE FILS AÎNÉ DE LOUIS, LOTHAIRE, ACCOMPAGNÉ DU PAPE GRÉGOIRE IV ET SOUTENU PAR LES ÉVÊQUES DES GAULES AINSI QUE PAR SES FRÈRES PÉPIN ET LOUIS LE GERMANIQUE, LE CONTRAIGNIT À ABDIQUER.
AINSI, LOUIS A ÉTÉ DESTITUÉ PAR SON FILS... ÊTES-VOUS CERTAINS DE CELA ?
CERTAINS ! NOUS REVENIONS DU ROYAUME FRANC OÙ NOUS ÉTIONS ALLÉS DÉFENDRE NOTRE CAUSE POUR LA SECONDE FOIS QUAND NOUS AVONS APPRIS LA NOUVELLE.

PEUT-ÊTRE EST-CE LE MOMENT POUR LA BRETAGNE DE REPRENDRE SON INDÉPENDANCE, NOMINOË...
LORSQUE, IL Y A BIENTÔT DOUZE ANS, J'AI PRÊTÉ SERMENT DE FIDÉLITÉ À LOUIS, JE LUI AI JURÉ UNE OBÉISSANCE PERSONNELLE. ET LOUIS N'EST PLUS RIEN...
IL Y A DÉJÀ TROP D'ANNÉES QUE, DANS L'OMBRE, JE RONGE MON FREIN, ATTENDANT LE MOMENT PROPICE POUR M'AFFIRMER ET AFFIRMER L'INDÉPENDANCE DE CE PAYS. POURTANT COMBIEN AVANT MOI ONT FAIT L'ERREUR DE DÉFIER LE ROYAUME FRANC TROP TÔT ?
NON. L'HEURE DE PRENDRE LES ARMES N'EST PAS ENCORE VENUE, IL ME FAUT, DANS UN PREMIER TEMPS, RECONQUÉRIR L'ESPACE POLITIQUE.
CONWOÏON ! AVANCE-TOI !
OUI, SEIGNEUR ?
EN CE JOUR DU NEUF FÉVRIER 843, NOMINOË POSA LE PREMIER ACTE POLITIQUE IMPORTANT DEPUIS SA NOMINATION À LA TÊTE D'UN PAYS ÉTERNELLEMENT REBELLE.
LOUIS ÉTANT DANS L'IMPOSSIBILITÉ DE PRENDRE QUELQUE DÉCISION QUE CE SOIT, JE DÉCIDE À SA PLACE DE FAIRE DON À TON ÉTABLISSEMENT DE TOUT LE TERRITOIRE NOMMÉ ROS, LIMITÉ PAR L'OUST ET LA VILAINE, PLUS LE TIERS DE L'ANCIENNE PAROISSE DE BAINS.
LE 1ER MARS, POURTANT, À L'OCCASION D'UNE PAIX AVEC SES TROIS FILS, LOUIS REPRENAIT SA COURONNE ET SON TRÔNE. CONWOÏON EN PROFITA POUR ALLER, UNE TROISIÈME FOIS, LUI PRÉSENTER SA REQUÊTE...
CONWOÏON, TA CONSTANCE ET TA SAGE DÉCISION D'ADOPTER, ENFIN, LA RÈGLE DE SAINT BENOÎT, AURONT PORTÉ LEURS FRUITS...
... JE DONNE SATISFACTION À TA DEMANDE ET AUGMENTE VOTRE DOMAINE DU PLOU DE BAINS TOUT ENTIER ET DE LA PAROISSE LIMITROPHE DE LANGON.
EN RAISON DE LA CHARTE SIGNÉE PAR NOMINOË EN SON NOM ET SANS DOUTE GRÂCE À L'ADOPTION, SURVENUE ENTRE-TEMPS, PAR LES MOINES DE REDON, DE LA TONSURE BÉNÉDICTINE, LOUIS DONNA SON AVAL À L'ÉTABLISSEMENT DE L'ABBAYE.
LES COMTES FRANCS DES MARCHES, OUTRÉS PAR CETTE DONATION OFFICIALISÉE PAR L'EMPEREUR, MULTIPLIÈRENT PROVOCATIONS ET AGRESSIONS, S'EN PRENANT AUX MOINES, MAIS ÉGALEMENT AUX PAYSANS. BRÛLANT LEURS FERMES, RAVAGEANT LEURS RÉCOLTES ET LEURS TROUPEAUX...

... MAIS NOMINOË SE GARDA BIEN DE RÉAGIR. LE COMTE DE VANNES SE SOUVENAIT DE QUELLE MANIÈRE WIOMARC'H AVAIT ÉTÉ DÉSAVOUÉ PAR L'EMPEREUR APRÈS AVOIR MENÉ DES REPRÉSAILLES, POURTANT AMPLEMENT JUSTIFIÉES.
SEIGNEUR NOMINOË, CES CHIENS DE FRANCS DÉFERLENT SUR NOS TERRES, ROMPANT DE FAIT TOUT ACCORD QUE NOUS AVIONS PASSÉ AVEC EUX ! DONNE-MOI L'ORDRE DE MENER UNE CONTRE-ATTAQUE ! J'IRAI LES DÉBUSQUER JUSQUE DANS LEURS TERRIERS !
ASSEZ, RIWAL !!
NE COMPRENDS-TU PAS CE QUI SE PASSE ? SUIS-JE LE SEUL ICI DOUÉ DE BON SENS ? COMBIEN DE GÉNÉRATIONS DE BRETONS DEVRONT MOURIR AVANT D'APPRENDRE UN PEU DE STRATÉGIE ET DE POLITIQUE ? RÉAGIR MAINTENANT REVIENDRAIT À RENONCER À CES DOUZE DERNIÈRES ANNÉES ET À CE QU'ELLES M'ONT COÛTÉ EN AMOUR-PROPRE ET EN PATIENCE.
SI CES CHIENS DE FRANCS NOUS HARCÈLENT, C'EST PARCE QU'ILS NOUS CRAIGNENT. NOUS N'AVONS JAMAIS ÉTÉ AUSSI PUISSANTS...
ALORS, POURQUOI NE PAS DÉCLARER NOTRE INDÉPENDANCE ?
PAS TANT QUE LOUIS SERA VIVANT !
TU NE DOIS RIEN À CE FRANC ! QUE FAIT-IL POUR FAIRE CESSER LES ATTAQUES CONTRE NOS GENS MALGRÉ NOS DOLÉANCES ?
TU NE COMPRENDS PAS... LOUIS EST L'HÉRITIER DE L'EMPIRE. SI JE ME DRESSE AUJOURD'HUI CONTRE LUI, JE ME DRESSE CONTRE UN ENNEMI UNI. À SA MORT, QUAND SES FILS S'ENTRE-DÉCHIRERONT CE QUI NE MANQUERA PAS D'ARRIVER, J'Y VEILLERAI, LA BRETAGNE POURRA SE DOTER D'UNE COURONNE ET D'UN ROI QUI NE SERONT PAS À LA MERCI DES AMBITIONS DES FRANCS.
LE DUX, LE GUBERNANS, ATTENDIT SON HEURE AVEC UNE PATIENCE DIGNE D'UN GRAND HOMME POLITIQUE ET D'UN VISIONNAIRE.
LE 20 JUIN 840, LOUIS LE DÉBONNAIRE, DIT AUSSI LE PIEUX, MOURUT DANS LA RÉSIDENCE D'ÉTÉ D'INGELHEIM, ÉDIFIÉE PAR CHARLEMAGNE, EN PLEINS PRÉPARATIFS D'UNE CAMPAGNE MILITAIRE CONTRE SON FILS LOUIS LE GERMANIQUE...

* EN BOURGOGNE.

PENDANT QUE LES PETITS-FILS DE CHARLEMAGNE ÉTAIENT OCCUPÉS À SE FAIRE LA GUERRE, NOMINOË « ENVAHIT » LA MARCHE DE BRETAGNE. « IL BRANDIT D'UN BRAS ROBUSTE LA BANNIÈRE DE L'INDÉPENDANCE BRETONNE. LE LENDEMAIN, TOUS LES BRETONS ÉTAIENT À SA SUITE*. »
MAIS EN 843, UN ÉVÉNEMENT INATTENDU BOULEVERSA LA BRETAGNE AVANT DE GAGNER LE ROYAUME FRANC : LES HOMMES DU NORD DÉBARQUÈRENT SUR LEURS NAVIRES À TÊTES DE DRAGON. LE 24 JUIN, JOUR SACRÉ DE LA SAINT-PIERRE, LES BARBARES REMONTÈRENT LA LOIRE, ET ATTAQUÈRENT NANTES PLACÉE SOUS LA JURIDICTION DU COMTE LAMBERT.
ILS INVESTIRENT LA CATHÉDRALE SAINT-PIERRE, MASSACRÈRENT LES FIDÈLES EN PLEINE MESSE, ET PILLÈRENT LES CIBOIRES ET LES NOMBREUSES PIÈCES D'ORFÈVRERIE DE LA SACRISTIE, AVANT DE REMONTER SUR LEURS NAVIRES ET DE METTRE LE CAP SUR NOIRMOUTIER.
MAIS NOMINOË N'EUT GUÈRE LE TEMPS DE PORTER LE DEUIL, CAR CHARLES ET SES FRÈRES VENAIENT DE SE RÉCONCILIER, EN CE MOIS D'AOÛT, EN SIGNANT **UN TRAITÉ DE NON-AGRESSION**, À VERDUN.
DE FAIT, CHARLES SE RENDIT À RENNES EN DÉCEMBRE 843, À LA TÊTE D'UNE PUISSANTE ARMÉE, DANS L'INTENTION DE CHÂTIER LE « FÉLON » ET DE LE CONTRAINDRE À RECONNAÎTRE SA SUZERAINETÉ.
MAIS ALORS QUE LES INTEMPÉRIES L'OBLIGEAIENT À RENONCER À MENER CAMPAGNE, HERVÉ, FILS DE RAINALD, ET LE COMTE BERNARD, AFFECTÉS À LA GARDE DE LA FRONTIÈRE POITEVINE, SE FIRENT TAILLER EN PIÈCES PAR LES ARMÉES COALISÉES DE NOMINOË ET DE LAMBERT, LE COMTE DE NANTES, DEVENU SON ALLIÉ À L'OCCASION D'UN RENVERSEMENT D'ALLIANCES COUTUMIER EN CES TEMPS TROUBLÉS.

* LA BORDERIE.

* LA BORDERIE.
** ET NON DE FIN JUIN COMME L'ÉCRIVIT LA BORDERIE.

IL NE RENCONTRA PAS D'OPPOSITION EN TRAVERSANT LA MARCHE DE RENNES. ET PAS DAVANTAGE AU POINT DE PASSAGE DE LA VILAINE - DU CÔTÉ DE LANGON - QUI, POURTANT, TENAIT LIEU DE FRONTIÈRE ENTRE LA BRETAGNE ET LA FRANCIE OCCIDENTALE.
SIRE, CETTE CAMPAGNE DÉSERTE NE ME DIT RIEN QUI VAILLE.
CES BRETONS SE TERRENT, GÉRARD ! ILS SONT TRÈS FORTS DANS DES COMBATS D'ESCARMOUCHES, MAIS ILS DÉTALENT COMME DES LIÈVRES DEVANT LA PREMIÈRE DÉMONSTRATION D'AUTORITÉ !
CE QUI AURAIT DÛ INQUIÉTER LE ROI FRANC LE CONFORTA AU CONTRAIRE DANS SA CERTITUDE DE VENIR FACILEMENT À BOUT DE LA FRONDE BRETONNE.
À PRÉSENT QUE MES QUERELLES AVEC MES FRÈRES SE SONT ACHEVÉES PAR UN BON ACCORD, JE VAIS RAMENER CES MUTINS À LA RAISON. CE PETIT COMTE PRÉTENTIEUX ET REBELLE ME DEMANDERA GRÂCE À GENOUX !
FILE PRÉVENIR NOMINOË, DIS-LUI QUE LES FRANCS APPROCHENT DE REDON !
QUANT À NOUS, NOUS NOUS OCCUPONS DE LES RABATTRE JUSQU'À LA PLAINE DE BALLON !
NOMINOË, EN FIN STRATÈGE, AVAIT ÉVITÉ D'ATTAQUER L'ENNEMI TROP TÔT. IL AVAIT DÉCIDÉ DE L'ATTIRER SUR UN TERRAIN HUMIDE ET MARÉCAGEUX, À PROXIMITÉ DE REDON ET D'UN PETIT MONASTÈRE NOMMÉ « BALLON ».
SES HOMMES, HABITUÉS AUX COMBATS D'EMBUSCADE, À LA MANIÈRE DE LEURS ANCÊTRES INSULAIRES CONTRE LES TROUPES DE CÉSAR OU D'AGRICOLA, CONNAISSAIENT CHAQUE TOUFFE D'AJONC, LE MOINDRE ACCIDENT DE TERRAIN...
À MORT !
SUS AUX FÉLONS !
REGARDEZ-LES COURIR COMME DES CHIENS APRÈS UN OS !
LES FRANCS SE JETAIENT EUX-MÊMES DANS LE PIÈGE TENDU PAR LE CHEF BRETON.
RIWAL A FAIT SA PARTIE DU TRAVAIL... À NOUS MAINTENANT D'ENTRER EN JEU ! FAIS PASSER L'ORDRE D'ATTAQUER !

POURSUIVEZ CES CHIENS !
L'ARMÉE FRANQUE MESURA TROP TARD QUE LE TERRAIN NE LUI ÉTAIT PAS FAVORABLE.
SIRE, MON CHEVAL S'EMBOURBE !
CES TRAÎTRES NOUS ONT ENTRAÎNÉS DANS DES MARAIS !
MANŒUVREZ POUR LEUR FAIRE FRONT ! ET LES ARCHERS ! FAITES INTERVENIR LES ARCHERS SAXONS !
OUI, SIRE.
ET QUAND NOMINOË SE DÉVOILA ET CHARGEA LE FLANC OFFERT DE L'ENNEMI, CHARLES COMPRIT COMBIEN IL AVAIT ÉTÉ PRÉSOMPTUEUX DE SE CROIRE EN TERRITOIRE DÉJÀ CONQUIS.
L'ARMÉE DE CHARLES COMPOSÉE D'UN CORPS D'ARCHERS SAXONS ET D'UNITÉS DE CAVALERIE LOURDE FRANQUE, SE RETROUVA BIEN IMPUISSANTE DEVANT LA CAVALERIE BRETONNE LÉGÈRE, MOBILE ET TRÈS RAPIDE.
AAARGH
QUE DIABLE ! À L'ATTAQUE ! CHARGEZ-LES !
SIRE, ON S'ENLISE ! LES CHEVAUX PEINENT !
ET QUAND ENFIN LA REDOUTABLE CAVALERIE FRANQUE SE MIT EN BRANLE, LES BRETONS ROMPIRENT LE COMBAT AUSSI BRUSQUEMENT QU'ILS AVAIENT MENÉ L'ASSAUT.
SUS ! SUS !
TUE ! TUE !
TENEZ-VOUS PRÊTS...
ÉQUIPEZ-VOUS ET LARDEZ-MOI CES VEAUX !

* CASSE-LUI LA TÊTE !
** LA BORDERIE, *HISTOIRE DE BRETAGNE.*

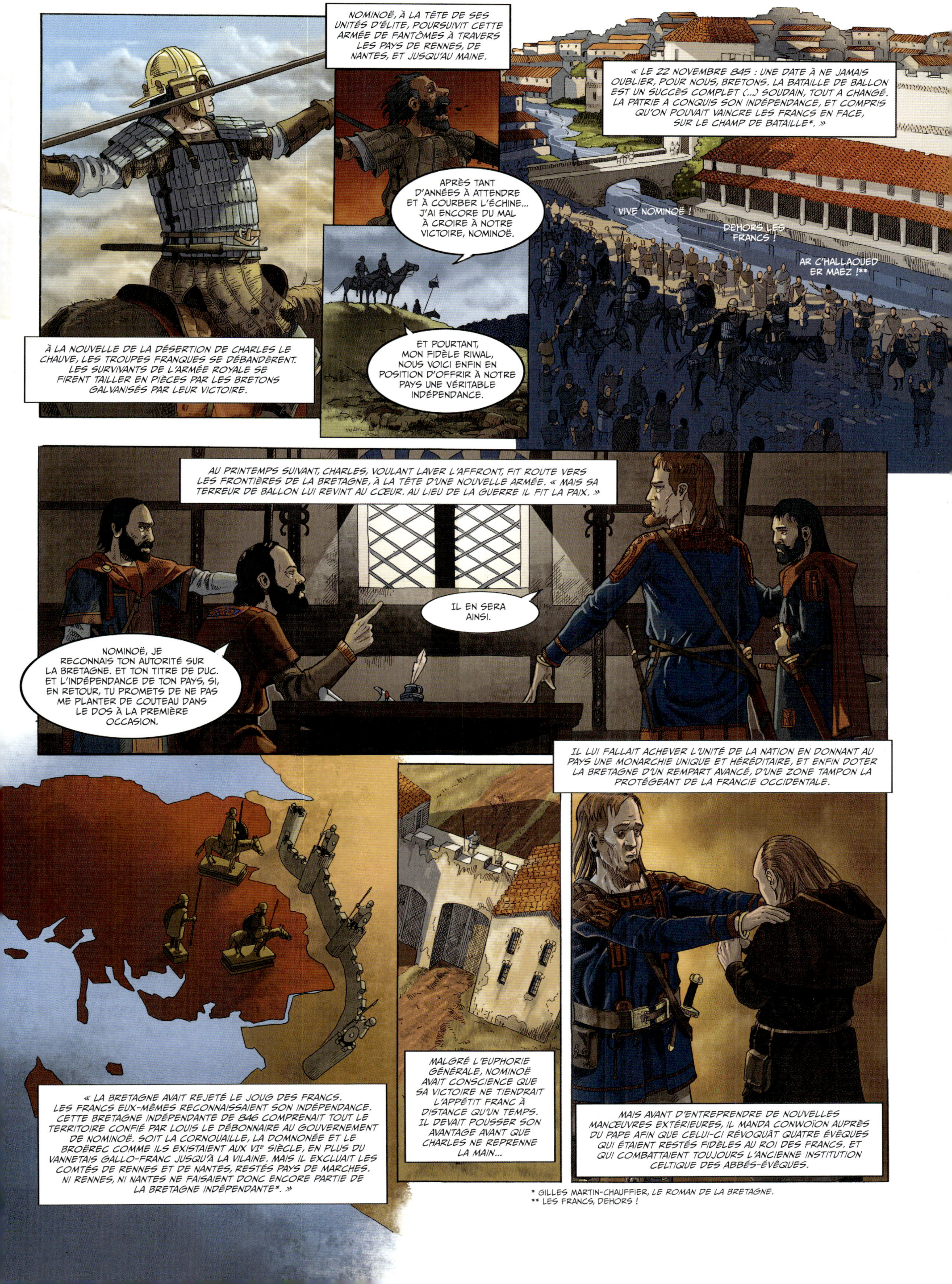

* GILLES MARTIN-CHAUFFIER, LE ROMAN DE LA BRETAGNE.
** LES FRANCS, DEHORS !

EN JUILLET 847, LE PAPE LÉON IV, À LA DEMANDE DE NOMINOË, CONDAMNA ET DÉMIT LES ÉVÊQUES SIMONIAQUES, DONT DEUX, SUSAN DE VANNES ET FÉLIX DE QUIMPER-CORENTIN, ÉTAIENT ALLÉS AUPRÈS DE LUI, TOUT COMME CONWOÏON, POUR SOLLICITER SON ARBITRAGE TOUT EN RECONNAISSANT À NOMINOË LE DROIT DE PORTER LA COURONNE D'OR, SYMBOLE DE SON POUVOIR AFFIRMÉ ET INDÉPENDANT SUR LA BRETAGNE.
MAIS, MANIPULÉ PAR LES AGENTS DE CHARLES, LE PAPE SE RESSAISIT ET TEMPÉRA SA SANCTION À L'ÉGARD DES ÉVÊQUES ACCUSÉS DE SIMONIE. IL MAINTINT SA CONDAMNATION À LEUR ENCONTRE, MAIS SANS LES DESTITUER, ARGUMENTANT QU'UN ÉVÊQUE NE POUVAIT ÊTRE DÉPOSÉ QUE PAR UN TRIBUNAL COMPRENANT AU MOINS DOUZE DE SES PAIRS.
NOMINOË CONVOQUA ALORS UNE VASTE ET VÉNÉRABLE ASSEMBLÉE CONSTITUÉE TANT DE CLERCS QUE DE LAÏCS : ABBÉS, ÉVÊQUES, COMTES ET TIERNS.
AU PRINTEMPS 848, AU **CHÂTEAU DE COËT-LOUH**, QUE LA BORDERIE ASSIMILE À COËTLEU, PRÈS DE SAINT-CONGARD, LES ÉVÊQUES INDÉLICATS COMPARURENT, LORS D'UN SYNODE.
VOUS N'ÊTES PLUS DIGNES D'ASSURER VOTRE CHARGE ! RECONNAISSEZ VOS FAUTES ET DÉMETTEZ-VOUS.
LAQUAIS DE CHARLES !
HOU !
DEHORS ! MAEZ AR VRO* !
LES ÉVÊQUES RECONNURENT LEURS FORFAITS ET S'EN ALLÈRENT, HONTEUSEMENT, SOUS LES HUÉES DE LA FOULE.
DÉBARRASSÉ DES INDÉSIRABLES, NOMINOË ENTREPRIT D'UNIR L'ÉGLISE DE BRETAGNE AVEC LE POUVOIR POLITIQUE AFIN QUE CESSE DÉFINITIVEMENT CETTE INFÉODATION DU SPIRITUEL AU ROYAUME FRANC.
IL MIT EN PLACE **TROIS NOUVEAUX ÉVÊCHÉS**, TENUS PAR DES BRETONS ACQUIS À SA CAUSE, ET NOMMA RAPIDEMENT DES SUCCESSEURS POUR LES DIOCÈSES DE DOL, DE QUIMPER, D'ALETH ET DE VANNES.
ET CRÉA **LA MÉTROPOLE DE DOL**, QUI AFFIRMERA L'INDÉPENDANCE DE L'ÉGLISE DE BRETAGNE.
À LA FIN DE L'ÉTÉ 848, SELON LA CHRONIQUE DE NANTES, NOMINOË SE FIT SACRER ROI À DOL, PAR L'ARCHEVÊQUE DE LA MÉTROPOLE DE BRETAGNE ASSISTÉ DES SIX AUTRES ÉVÊQUES DU PAYS. IL REÇUT SUR LA TÊTE LA COURONNE D'OR, SYMBOLE DE ROYAUTÉ, PRIVILÈGE ACCORDÉ PAR LE PAPE LÉON IV.

* HORS DU PAYS !

LES HOMMES SONT PRÊTS, TAD*... ME LAISSERAS-TU ENFIN LES MENER À LA BATAILLE ?
PAS ENCORE, MAB**...
APRÈS CETTE GRANDE CÉRÉMONIE DE COURONNEMENT, NOMINOË PASSA PLUSIEURS MOIS À PRÉPARER SA DERNIÈRE GUERRE, CELLE QUI DEVAIT DOTER LA BRETAGNE BRITTOPHONE D'UN REMPART AVANCÉ : L'ANCIENNE MARCHE FRANCO-BRETONNE.
J'AI CONFIANCE EN TOI. JE SAIS QUE TU SERAS DIGNE DE LA CHARGE QUE JE TE LÉGUERAI. MAIS C'EST À MOI DE FINIR CE QUE J'AI COMMENCÉ. À NUL AUTRE...
TU ES ÉPUISÉ... TU NE T'ES PAS ENCORE REMIS DE CETTE VILAINE TOUX QUI T'A PRIVÉ DE REPOS ET TE VOILÀ REPARTI EN CAMPAGNE !
DIEU ME DONNERA LA FORCE D'ALLER AU BOUT, ERISPOÉ. LA BRETAGNE AURA BIENTÔT UN ROI RECONNU PAR LES FRANCS ET SI CE N'EST PAS MOI, ÇA SERA TOI.
AU PRINTEMPS 850, LE ROI DE BRETAGNE, AVEC L'AIDE DE SON ALLIÉ, LE COMTE LAMBERT, LANÇA SON ARMÉE SUR LE MAINE, DÉSARMANT LES PRINCIPAUX PERSONNAGES POUR EN TIRER DE PRÉCIEUSES RANÇONS. À LA SUITE DE QUOI, IL RENTRA EN BRETAGNE, CHARGÉ DE BUTIN ET DE PRISONNIERS, NON SANS AVOIR LAISSÉ DANS RENNES ET NANTES DES GARNISONS AFIN D'ASSURER LA SOUMISSION DES DEUX GRANDES VILLES DES ANCIENNES MARCHES.
DÉBUT 851, À **UN FACTUM FRANC** MENAÇANT LES BRETONS D'ANATHÈME, NOMINOË RÉPONDIT PAR UNE NOUVELLE EXPÉDITION EN FRANCIE OCCIDENTALE. IL FRANCHIT LA MAYENNE AVEC UNE PUISSANTE ARMÉE, PRIT ANGERS ET ÉTABLIT SON CAMPEMENT PRÈS DE VENDÔME, SANS DOUTE DANS L'INTENTION **D'ATTAQUER CHARTRES**.
KOF KOF !
SEIGNEUR... TU NE PEUX MONTER DANS TON ÉTAT ! JE VAIS MANDER UN MOINE !
MAIS LES ÉPREUVES DE LA VIE ET LES INTERMINABLES CAMPAGNES MILITAIRES AVAIENT EU RAISON DES FORCES DE NOMINOË...
ET QUE PROPOSES-TU, MON BON RIWAL ? QUE TU MÈNES LES TROUPES PENDANT QUE JE FERAI LA SIESTE À L'OMBRE D'UN VIEUX CHÊNE ? OU MIEUX, QUE NOUS ATTENDIONS QUE CHARLES NOUS APPORTE SA REDDITION, ESCORTÉ PAR QUELQUES MILLIERS DE CAVALIERS FRANCS ENRAGÉS ?
SIRE ! JE VAIS DEMANDER QUE L'ON REPORTE LE DÉPART À DEMAIN !
KOF KOF !
AFFAIBLI, LE ROI DE BRETAGNE REFUSAIT CEPENDANT DE CÉDER DEVANT L'ADVERSITÉ ET SON CORPS QUI NE LE PORTAIT PLUS...
... FAISANT PASSER LE BIEN COMMUN DE SON PEUPLE AVANT SA PROPRE VIE.
N'EN FAIS RIEN ! MONTRER NOTRE FAIBLESSE AUJOURD'HUI, RUINERAIT TOUT CE QUE J'AI ENTREPRIS. VA CHERCHER MA MONTURE, ÇA ME LAISSERA LE TEMPS DE REPRENDRE MON SOUFFLE.

* PÈRE.
** FILS.

* NOM DONNÉ PAR LA BORDERIE.

NOTES

Les termes en gras et en italique sont développés ici.

PAGE 3

Extrait de Gwin ar C'hallaoued / Le vin des Gaulois, publié dans *Le Barzaz Breiz* de Théodore Hersart de la Villemarqué. Pour la compréhension de la majorité des lecteurs, nous avons publié directement la version française du chant en breton dans les textes suivants.

PAGE 4

En échange d'une paix durable entre les deux peuples, Clovis reconnut formellement, en 497, l'indépendance de la jeune Bretagne continentale ou armoricaine.

PAGE 12

Britannia Minor, Bretagne continentale ou « petite » Bretagne, par opposition à la « grande », la Bretagne insulaire.

PAGE 16

Aux alentours de 800, deux zones divisent la Bretagne : la zone bretonne (la Domnonée, le Léon, la Cornouaille, le Broërec) et la zone gallo-franque (comtés de Rennes et de Nantes), dite « marches de Bretagne ». Pour renforcer leurs positions, les rois carolingiens tendent à accroître le peuplement franc de la Bretagne orientale et à multiplier les expéditions militaires dans les comtés bretons en perpétuelle révolte contre le tribut qu'on voulait leur imposer.

PAGE 33

Le Concile de Whitby se tint au royaume saxon de Northumbria, dans le nord-est de la Bretagne insulaire, situé juste au-dessous de l'Écosse et du mur d'Hadrien.

PAGE 34

Saint Ronan, d'après la légende, installé en forêt de Névet, non loin du Menez-Hom, en Cornouaille occidentale, aurait foudroyé un bûcheron coupable de s'être attaqué à un vieux chêne. Ce qui incite le philosophe Ernest Renan à penser que l'anachorète était plus un druide qu'un saint.

PAGE 35

Diverses versions circulaient sur la mort et le retour espéré de Morvan. Certaines prétendaient qu'il était prisonnier et n'avait pas été tué au combat. D'autres, qu'un ermite lui avait recollé la tête sur les épaules. D'autres, enfin, qu'entré en dormition, à l'instar d'Arthur, il reposait sous un tertre, d'où il allait un jour se lever, pour mener victorieusement le combat contre l'envahisseur franc.

....

Traduction : « Arrivé à l'extrémité du bois, il reconnut le cheval noir de Lez-Breiz...

« Dites-moi, ô vous, vénérable chef de famille, qui venez à la fontaine, qui dort sous ce tertre ?

« C'est Lez-Breiz qui dort en ce lieu. Tant que durera la Bretagne, il sera renommé, il va s'éveiller tout à l'heure en criant, et va donner la chasse aux Francs ». (Traduction de La Villemarqué, orthographe du *Barzaz Breiz* respectée)

PAGE 39

Rites des chrétientés dites celtiques, puisque communes à l'ensemble des pays celtiques ou celtophones . Il faut croire que, malgré l'entrevue de Louis et de Matmonoc, de Landévennec, le rite de saint Benoît ne s'était pas encore imposé à tous les moines celtiques.

....

Situé par de La Borderie non loin de Vannes et Guillotel près de Callac en Cornouaille septentrionale.

PAGE 40

Nominoë fut nommé « missus imperatoris » (en mission pour l'empereur) de Louis le Pieux et « ducatus ipsius gentis » (duc) des Bretons à partir de 831.

PAGE 42

Louis le Pieux était empêtré dans des querelles dynastiques qui l'affaiblissaient. Ses trois fils issus d'un premier mariage, avec Ermengarde de Hesbaye, Lothaire Ier, Pépin Ier et Louis dit Le Germanique, s'étaient rebellés contre lui en l'accusant de céder trop facilement aux exigences de Judith de Bavière, sa seconde épouse, et de favoriser le petit Charles, né en 823 de cette union abhorrée...

PAGE 44

« Quatorze années de paix (...) avaient permis aux Bretons de refaire leurs forces et d'amasser dans leur cœur, contre la domination étrangère, un trésor de haine contenue, qui n'attendait pour éclater, pour agir, que le signal du chef. Car maintenant, tous les Bretons étaient unis sous un chef unique : Nominoë. Un mot de sa bouche pouvait les jeter tous en masse dans la grande lutte pour l'œuvre de délivrance. Ce mot, il était décidé à ne pas le dire pendant la vie de Louis le Débonnaire. Résolu à tenir le serment prêté au Prince dont la main bienveillante avait allégé pour la Bretagne le poids du joug franc, il attendait patiemment que la mort de Louis vînt l'en délier. » De La Borderie.

PAGE 45

Près de 70 000 morts en tout, d'après les chroniqueurs contemporains, ce qui est considérable pour l'époque. Mais ces chiffres sont probablement exagérés.

PAGE 46

Traité signé en août 843 et aux termes duquel Charles recevait la Francie occidentale, Lothaire la Lotharingie ou Francie médiane et Louis la Francie orientale ou Germanie.

PAGE 47

Et non de 40 000 comme l'écrit l'historien Bertrand d'Argentré, la bataille de Fontenoy, quatre ans plus tôt, ayant provoqué une terrible saignée au sein des armées franques.

PAGE 52

Et qu'Hubert Guillotel situe plutôt à Coëtloc en Inzinzac, à Coët-Lous, en Ploërdut, près de Guémené sur Scorff ou en la forêt de Coatloc'h dans la commune de Scaër (*La Bretagne des saints et des rois*).

....

Dol, Saint-Brieuc et Tréguier, lesquels s'ajoutèrent à Quimper, Saint-Pol-de-Léon et Vannes, et Aleth ou Saint-Malo situés dans les limites de la Bretagne, et Rennes et Nantes.

....

« Au point de vue canonique, - écrit De La Borderie - le procédé laissait à désirer. Mais dans l'ordre politique, en face de tous ces Francs, clercs et laïcs, évêques et comtes, acharnés sur la Bretagne comme sur une proie qui leur avait échappé, et qu'ils grillaient de reprendre à la seule fin de l'exploiter, sucer, dévorer de nouveau jusqu'à l'os, qui oserait dire que pour sauvegarder définitivement l'indépendance et la tranquillité du pays, cette mesure n'était pas indispensable ? »

PAGE 53

Prononcé à l'encontre de Nominoë par les évêques Francs réunis, derrière l'archevêque métropolite de Tours, en concile, sur ordre de Charles le Chauve, lui reprochant la création de la métropole de Dol et l'annexion à la Bretagne des comtés de Rennes et de Nantes ...

....

« Destruisant les territoires d'Anjou, du Maine, de Neustrie, parvint à Vendosme, où il s'arresta, attendant y recueillir ses ost qui estoient espandus par lesdits territoires, afin d'assaillir le pais de Chartres. » Pierre Le Baud, *Histoire de Bretagne*.

BIBLIOGRAPHIE SUCCINTE

Cassard, Jean-Christophe, ***Les Bretons de Nominoë,*** les bibliophiles de Bretagne, éditions Beltan, Brasparts, 1990. Ouvrage réédité aux Presses Universitaires de Rennes en 2002.

Chadwick, Nora K, Dillon, Myles, Guyonvarc'h, Ch-J., Le Roux, Françoise, ***Les Royaumes celtiques,*** éditions Armeline, Crozon, 2001.

Chédeville, André et Guillotel, Hubert, ***La Bretagne des saints et des rois, Ve-Xe siècle,*** éditions Ouest-France, Rennes, 1984.

Cornette, Joël, ***Histoire de la Bretagne et des Bretons***, Tome 1, Des âges obscurs au règne de Louis XIV, éditions du Seuil, Paris, 2005.

Courson (de), Aurélien, ***La Bretagne du Ve au XIe siècle***, Imprimerie impériale, 1863.

Croix, Alain et Guiffan, Jean, ***Histoire des Bretons,*** Tome 1, Des origines à 1532, Nathan, 1977.

Ermold le Noir, ***Poème sur Louis le Pieux***, traduit par E. Faral, Librairie Honoré Champion, 1932.

Fleuriot, Léon, ***Les Origines de la Bretagne***, éditions Payot, Paris, 1980.

Flodoard, ***Annales***, éditions Philippe Lauer, Paris, 1906.

Giot, P-R, Fleuriot, Léon, Bernier G., ***Les Premiers Bretons- La Bretagne du Ve siècle à l'an mil***, Châteaulin, 1982.

Le Baud, Pierre, ***Chronique et Histoire des Bretons***, Rennes, 1907.

Le Boterf, Hervé, ***Nominoë et l'épopée des Rois bretons***, éditions France-Empire, Paris, 1981.

Lot, Ferdinand, ***Mélanges d'Histoire bretonne. (VIe-XIe siècle)***, Librairie Honoré Champion, 1907.

Le Moyne de La Borderie, Arthur, ***Histoire de Bretagne***, Plihon, Honnay, imprimerie Vatar, Rennes, 1896-1914, 6 volumes, réédition imprimerie Floc'h, Mayenne, 1975, consultable en ligne sur bibliothèque numérique, université de Rennes II.

Martin-Chauffier, Gilles, ***Le Roman de la Bretagne***, éditions du Rocher, 2008.

Monnier, Jean-Jacques et Caillebot, Olivier, ***Histoire de Bretagne pour tous***, CD et livret, éditions Skol Vreizh, Morlaix 2013

Nelson, Janet, ***Charles le Chauve***, éditions Aubier, Histoire, Paris, 1994.

Poisson, Henri, et Le Mat, Jean-Pierre, ***Histoire de Bretagne***, éditions Coop-Breizh, Spézet, 1993.

Poisson, Henri, ***Nominoë, fondateur de l'État breton***, éditions Les Presses bretonnes, Saint-Brieuc, 1967.

Reginon de Prum, ***Chronique***, in G. H. Pertz, Monumenta Germaniae historica, Script I, p. 567, Weidmann, Berlin, 1861.

Tonnerre, Noël-Yves, ***Naissance de la Bretagne, géographie historique et structures sociales de la Bretagne méridionales (Nantais et Vannetais), de la fin du VIIIe siècle à la fin du XIIe siècle,*** Presses de l'Université d'Angers, Angers, 1994.

Villemarqué (de la), Théodore Hersart, Barzaz Breiz, ***Chants populaires de Bretagne***, Librairie Académique Perrin, Paris, 1963.

Cartulaire de Redon, publié par Aurélien de Courson, Paris, 1863.

Cartulaire de Landévennec, publié par René-François-Laurent Le Men et Emile Ernault, Paris, 1886.

Chronique de Nantes (570-1049), publiée par René Merlet, Paris, 1886.

CARTE DE
BRETAGNE
en 851
À LA MORT DE NOMINOË
LÉON
CORNOUAI
OCÉAN
ATLANTIQUE
N